$100

Liliana V. Blum

NO ME PASES DE LARGO
DON'T PASS ME BY

English translation by Michael Parker-Stainback

lateral
literalpublishing

Este libro se realizó con apoyo del estímulo a la producción de libros derivado del Artículo Transitorio Cuadragésimo Segundo del *Presupuesto de Egresos de la Federación 2012.*

Diseño de portada e interiores: DM

Primera edición 2013
Todos los derechos reservados
© 2013 Liliana V. Blum
© 2013 Literal Publishing
   Crestón 343
   México, D.F., 01900
   www.literalmagazine.com

ISBN: 978-0-9897957-3-9

Impreso y hecho en México / *Printed and made in Mexico*

Índice

NO ME PASES DE LARGO

A Frida Sofía, mi Tuza.
A Luis Eduardo, mi Wookie.
A Ramón, que siempre cree en mí.
A Diómedes R., Paloma B. y Milena S.,
que encontrarán algo conocido por aquí.

Don't pass me by don't make me cry don't make me blue
'Cause you know darling I love only you
You'll never know it hurt me so
How I hate to see you go
Don't pass me by don't make me cry

Don't pass me by, THE BEATLES

Lucio en el cielo sin flash

Me enteré de la muerte de Lucio por Henry Morgan, su mejor amigo y compañero nuestro en la preparatoria. Mandó un mensaje de texto a mi celular muy temprano; yo estaba mordiendo un pan con mantequilla de cacahuate y debatiéndome entre sopearlo en el café o hacer lo correcto. El teléfono sonó con el efecto de un cristal roto. Siempre que lo escuchaba, en mi mente veía una piedra con un pedazo de papel atravesando la ventana. Con mi mano libre apreté un botón y lo leí. Sólo cuatro palabras: *¿Qué sabes de Lucio?* Divertida y tratando de no manchar el teléfono, comencé a teclear con un dedo: Que está muy flaco, que es fotógrafo y que cambió a sus viejos amigos por el encanto neoyorquino. Me reí y seguí desayunando.

Aunque tenemos años sin vernos, Henry y yo siempre nos mantenemos en contacto. Al menos en las fechas importantes. En la escuela, lo llamábamos "El Pirata", siempre a sus espaldas. Éramos adolescentes y nos parecía hilarante que sus padres le hubieran puesto así, cuando él era un muchacho delgado y tímido que no mataría un pez dorado ni en defensa propia. Jamás se nos ocurrió pensar que Henry era un nombre común y corriente, y Morgan, simplemente, el apellido del padre. Yo solía molestarlo diciéndole que Lucio sólo era su amigo por su apellido extranjero. Si te llamaras Enrique Martínez, no se dignaría a hablarte. Pero él sacaba su espada y me hacía avanzar por la tabla: Y si tú no fueras pelirroja, ni siquiera te miraría. *Touché.*

Pero qué sabes de Lucio no era una pregunta hipotética ni una invitación a jugar. El siguiente ladrillazo me informaba: *No puedo decírtelo por este medio. Llámame.*

Ya se sabe que la muerte es algo que no puede decirse en un mensaje de texto. Es un alivio que todavía algunos guarden las formas. De cualquier manera, antes de que Henry contestara mi llamada, yo ya sabía que Lucio había muerto. Sólo que Henry no lo puso así. Con esa voz gruesa que parecía la antítesis de su cuerpo, dijo:

Noelia, lo siento mucho. Lucio falleció.

La primera acepción de "fallecer", según mi *Pequeño Larousse*, es llegar al término de la vida. El Pirata me estaba informando que Lucio había llegado al término de su vida. Si nuestra existencia fuera una carrera, él ya habría arribado a la meta. Lo imaginé vestido de atleta atravesando un listón plástico, dando grandes pasos para disminuir la velocidad y con los brazos arriba en señal de triunfo. Eso no sonaba tan mal. Malditos eufemismos.

En los tiempos de Lucio y míos, que nunca fueron nuestros, el Pirata y yo convivíamos meramente por las circunstancias. Yo era la chica con la que su amigo se acostaba a escondidas y él era el amigo de Lucio que yo debía de tolerar si deseaba que nuestros viernes de motel continuaran. Era un secreto triangular, una situación incómoda y conveniente para todos, supongo. Cuando Lucio salió del encuadre de nuestras vidas, Henry Morgan y yo descubrimos que teníamos más cosas en común que la ausencia de un fotógrafo. Me di cuenta de que en realidad, el Pirata era un tipo estupendo, y que los dos fuimos, a nuestro modo, parte de la vida oculta y vergonzante de Lucio Dunn.

¿Cómo fue?

La calma con la que hablé consiguió alarmarme. Siempre pensé que cuando me tocara recibir la noticia de la muerte de alguien cercano reaccionaría con más dramatismo. Pero escucharme a mí misma era la prueba de que yo sabía que esto sucedería más temprano que tarde. Pude haber echado mano de la negación. La gente siempre niega la muerte. No es cierto. Lucio no está muerto. Nooooo. Algo así. Pero no lo hice; di por buena la información del Pirata y sólo quise saber cómo fue. La mecánica de los hechos. No más.

No estoy muy seguro, dijo Henry. Su voz daba la impresión de tranquilidad, pero había algo que temblaba al final de cada frase. Yo me enteré por alguien más. Lo encontraron en su departamento después de varios días. Se detuvo antes de tragar saliva por unos segundos. Suicidio, tal vez.

Apreté el auricular y permanecí en silencio. El muy hijodeputa. ¿No tenía sus amigos glamorosos? ¿No podía habernos contactado? Su vida era perfecta. Se había hecho de un nombre en el mundo de la moda, lo que le permitía cultivar la fotografía artística y exponer en varias galerías de prestigio. Al menos así parecía a juzgar por las postales que mandaba de vez en cuando por el correo tradicional. Algunas eran fotos de modelos excesivamente maquilladas, famélicas y semidesnudas, y otras eran invitaciones a exposiciones colectivas en donde se leía el nombre de Lucio. Lo odié intensamente y la conciencia de experimentar odio por alguien que amé tanto hizo que mis articulaciones se trabaran. No podía moverme. Estaba congelada.

Noelia, ¿estás bien?

La voz del Pirata al otro lado de la línea me pareció muy dulce. Lamenté que viviéramos en ciudades distintas: hubiera querido abrazarlo. Besarlo. Celebrar que estábamos vivos a pesar de la trastada de Lucio. Porque suicidarse era eso. Una chingadera limpia y pura, dirigida a los genitales de nuestra simbiosis. Una violación a todas las reglas.

Sí, estoy bien. Yo no soy la muerta.

Cierto, concedió él.

¿Hace cuánto que no lo veías, Henry?

Más de diez años.

No quiso ser preciso. Si hubiera dicho dieciséis sólo nos habríamos sentido más viejos, y se hubiera perdido la belleza de la redondez de la década. A fin de cuentas, lo mismo daban diez, que dieciséis o veinte años. Estoy segura de que aunque Lucio viviera, tampoco íbamos a volverlo a ver. Lo supe cuando nos anunció a Henry y a mí que se iría a estudiar fotografía a Estados Unidos. Es una escuela de arte muy prestigiosa, nos repitió varias veces. Tales y cuales fotógrafos habían egresado de allí, tal y cual otro era parte de la facultad. Los ojos oscuros de Lucio brillaban. Eso era inusual en él, que por lo regular se mantenía viviendo con un gesto de frustración perpetua. Era como si caminar por nuestra ciudad le diera asco, como si su nacionalidad mexicana fuera una verruga en la punta de la nariz. Su gran vergüenza. Pero ahora había recibido la noticia de que un cirujano iba a extirpársela. Nos abandonaba y eso le producía una felicidad enorme. Su padre era gringo y su madre mexicana, pero él había nacido aquí. Nunca se lo perdonó a su mamá, supongo. En su verdadera tierra, donde sólo se usa el apellido paterno, podría ser, finalmente, él mismo. Después supe que suprimió su nombre de pila y comenzó a utilizar la letra inicial seguida por un diminutivo, así que pasó de ser Lucio al fotógrafo Eli Dunn. Pero aquel día de hace tantos años, él seguía siendo Lucio para nosotros. Tomó una cerveza y nos pidió brindar por él. Estábamos en la playa, felices porque habíamos salido de la prepa. El Pirata no sólo levantó su botella y la hizo chocar con la de Lucio, sino que se puso de pie y lo abrazó. Yo no soy tan noble. Miré hacia otro lado, succioné con todas mis fuerzas del popote hasta que terminé con la piña colada y me fui al mar.

Hace tres meses fue su cumpleaños, dije mirando mi pan flotar dentro del café. La grasa de la mantequilla de cacahuate se esparcía en pequeñas medusas de color marrón.

Sí. Cumplió treinta y tres. Escuché el suspiro de Henry al otro lado de la línea.

Jesús murió a los treinta y tres. No pude evitar decirlo. Mi amigo permaneció en silencio, así que seguí. También John Belushi. Silencio. Y Eva Perón. Silencio. Y Chris Farley. Más silencio. Henry, ¿sigues allí?

Sí. No es gracioso.

No, no lo es. Es sólo coincidencia.

También la forma en la que Lucio y yo comenzamos a salir fue una suerte de coincidencia. Él pertenecía al grupo selecto dentro de la preparatoria. Todos vivían en la misma colonia, habían estado juntos desde el kinder en el Colegio Americano y caminaban por los pasillos con la confianza de poseerlo todo. Eran como Lucio, de buena cuna, de narices pequeñas y respingonas, dientes blancos y odontológicamente alineados, cabellos rubios y perfecto acento al hablar inglés. Lo único que no poseían era la preocupación por su futuro ya resuelto. Henry Morgan y yo, por nuestro lado, pertenecíamos al resto. El resto era un grupo amorfo, donde lo mismo se conjugaba el sobrepeso que la piel morena o los dientes un poco chuecos. No teníamos auto propio: nos dejaban nuestros padres por la mañana, o bien, tomábamos el transporte público. En mi grupo, la ropa no era de marca ni de última temporada, y todos veníamos de escuelas privadas para la clase media, o bien, del sistema educativo oficial. Yo incluso era parte del subconjunto de los favorecidos con una beca. Yo no era más que un desconocido que se cuela sin querer en una fotografía.

Por eso, no guardaba la fantasía de que hubiera más entre nosotros que el estar juntos en un equipo durante la clase de física. Al profesor se le había ocurrido la progresista idea de hacer que los del círculo de oro convivieran con el proletariado. Así que un buen día tuve que juntar mi mesabanco con el de Lucio y planear un proyecto para ambos. Desde luego que era agradable trabajar con alguien bien parecido y nada tonto, para variar. Olía a loción cara, cuyo nombre yo desconocía. A contraluz se apreciaba el vello fino que cubría su piel; de perfil era sencillamente hermoso. Era imposible no pensar en los lugares comunes: su cabello parecía hecho de hilos de oro. Pero mis apreciaciones podrían haber sido las de cualquier otra preparatoriana ante una presa imposible. Por eso me sorprendió mucho que Lucio me pidiera vernos fuera de la escuela. Necesito ayuda con historia, me confesó. Y luego esa sonrisa con hoyuelos mientras me escribía su dirección en mi cuaderno. Aquello no me extrañó: como el chico dorado que era, estaba acostumbrado a salirse con la suya.

Su casa era grande y la ausencia de los padres brillaba al igual que los pisos de mármol. Subimos juntos la escalera hasta la habitación de Lucio. Estaba alfombrada y tenía aparatos electrónicos que yo ni sospechaba que existieran. Él se quitó los zapatos y antes de salir me dijo que me pusiera cómoda. Dejé mi libro de historia sobre la cama, me saqué los tenis y me senté sobre la alfombra. Lucio regresó con dos cervezas importadas y me ofreció una. Encendió la tele y puso el MTV, ese de 1990, con música. No tuvimos que hablar demasiado antes de que comenzaran los besos.

Nos acariciamos tanto como es humanamente posible con la ropa puesta.

Pero una voz femenina lo llamó desde la escalera. Lucio se puso de pie, se fajó la camisa y me regaló esa expresión suya con el labio superior ligeramente levantado del lado izquierdo. Con el correr de los meses, cuando aprendí a leerlo mejor, supe que aquello era un gesto amistoso. Lucio tenía las mejillas encendidas y el cabello fuera de lugar, pero no parecía preocuparle que su madre estuviera en casa. Un mero inconveniente técnico. Mañana podemos seguir estudiando, pero mejor en otra parte, dijo.

¿Y qué fue lo último que supiste de él?, me preguntó Henry.

Mantenernos en la línea parecía lo más sensato en aquel momento. Cortar la conversación implicaría que tendríamos que retomar nuestras vidas bajo la nueva realidad: el mundo sin Lucio. En el fondo sabíamos que aunque no era lo mismo que estuviera muerto, a no verlo nunca más, los engranes de la normalidad estaban intactos.

Que se volvió *gay*. Bueno, que se asumió como tal, dije abriendo el refrigerador. Tenía un hambre súbita, pero nada me apetecía.

Yo igual y lo supe por ti. El tono del Pirata tenía espolvoreado algo de rencor.

Siempre pensé que él siguió en contacto contigo por más tiempo. Tú eras el amigo, lo acusé. A mí sólo me usaba. Me arrepentí de inmediato de mi frase. No sólo porque sonaba a lo que diría una actriz de telenovela, sino porque hacía evidente que la rencorosa era yo.

Por supuesto que no.

Henry, por favor dime que no estamos compitiendo por su atención. Lucio ya no está, dije.

Encontré los restos de un pollo rostizado y escogí una pierna. Mordí la carne fría. Miré por la ventana, más allá del cactus que la adorna y de la casa de los vecinos. Sol, ropa en un tendedero, un perro jadeando bajo la endeble sombra de una maceta.

No tienes que negar que tú fuiste la más cercana a él, dijo en un tono más bajo.

La más cercana a él. El Pirata debería ser un locutor de radio nocturno, de esos que psicoanalizan a los oyentes desvelados. Abrí la ventana y le aventé el hueso al perro. Si tal cosa fuera posible, juro que se le iluminó la cara. Se levantó meneando la cola y al poco comencé a escuchar su mandíbula quebrando el hueso con felicidad. Deseé que mi vida fuera así de simple. Saciar el hambre, dormir en la sombra, beber con sed.

Henry Morgan creía que yo era la más cercana a Lucio porque cada viernes, al terminar las clases, íbamos a un motel de paso que quedaba a una distancia caminable de la escuela. Pero un chico como Lucio no había nacido para ser un peatón, así que íbamos en su carro. El trabajo de Henry era encerrarse en casa, para que fuera la coartada de Lucio. El viernes siempre veía una película con él, o trabajaban en algún proyecto, o escuchaban música juntos. Era preciso que nadie pensara que estaba conmigo. Yo lo sabía, siempre lo supe y lo acepté de esa manera. Supongo que mi dignidad no era nada en comparación a lo que sentía por él. También sé que el Pirata nunca tuvo que sacrificar un buen plan para ayudar a su amigo. Mientras tanto, Lucio y yo nos cargábamos de jugos, cervezas, frituras y chocolates, y entrábamos al motel. Las mochilas se quedaban en la cajuela. Fornicábamos primero, luego comíamos desnudos mirando la televisión. Conversábamos sobre alguna tarea, un chisme sobre tal o cual compañero del grupo, suponíamos cosas sobre nuestros maestros más estrictos. Lo hacíamos con familiaridad, como si fuéramos un buen matrimonio de esos que se tocan sin darse cuenta de que lo hacen al hablar. Más tarde, teníamos otra sesión de sexo y al final él se quedaba dormido mientras yo acariciaba su espalda. Recorría las vértebras y daba la vuelta en U en el coxis y mis manos desandaban el camino. Su piel tan suave que me hacía sentir que la mía era como la de un elefante. Su perfil, los ojos cerrados, las pestañas oscuras y los mechones rubios que cubrían gran parte de la cara. Su respiración pausada. Los omóplatos como algo que podría transformarse en alas. Tanta delgadez.

Henry cree por esto que yo era más cercana a Lucio. Pero mirándolo así, dormido mientras yo lo acariciaba, me invadía el vacío. Se me iba el aire. Era doloroso verlo porque no hubo otro instante en el que fuera más claro que nunca estuvimos juntos. Cuando se despertara, nos vestiríamos con prisas, me ayudaría a recoger la basura y subiríamos al carro sin hablarnos. Me dejaría en una parada de autobús porque ya era tarde para llegar a su casa. Cuando él abriera los ojos, sería otro; más bien, volvería a ser el mismo, el que se sentaba en el extremo opuesto del salón, con los de su clase. Años después, el distanciamiento se volvería silencio y nuestra relación física inexistente, porque cuando se fuera a estudiar a Estados Unidos, Lucio comenzaría a salir con hombres. Yo era, en todo caso, la más lejana. Pero el Pirata no iba a comprenderlo.

Luego de un rato de silencio, Henry decidió que sería buena idea colgar, por aquello de las tarifas del teléfono. Quedó de comunicarse después. Cuando apagué mi aparato, me quedé sentada por un rato en la cocina. No tenía ánimos de moverme. Después de no sé cuánto tiempo, me puse de pie y fui a la esquina donde estaban las cajas de la última mudanza. No lo pensé; mi mente no hizo nada más que dejar que mi cuerpo hiciera la faena de buscar entre todas esas cosas una caja metálica que alguna vez tuvo chocolates. Adentro estaba una foto enmarcada que Lucio me dio en mi cumpleaños dieciocho, el último que pasamos juntos.

La imagen es la de una casa antigua, típica del sureste de Estados Unidos. La tomó cuando fue a visitar la universidad a la que iría. Frente al edificio crece un árbol con ramas enormes. Todo es blanco y negro, pero las tejas de la casa están pintadas de verde. En una de las ramas, sentada y con las manos a un lado de cada rodilla, un poco echada hacia adelante, estoy yo. De una rama inferior y de pie, un Lucio sonriente mira hacia arriba, saludándome. Nuestras figuras están nítidamente recortadas y superpuestas sobre la otra foto. Fotomontaje casero. Un atentado contra su genialidad. Al reverso, sobre el cartón, con la letra de trazo perfecto de Lucio, la acusación: *Para que no digas que no tienes nada de mí.* Luego su firma, luego la fecha. No recuerdo cuándo me tomó en esa posición. De hecho, no recuerdo que me hubiera tomado ninguna foto.

Mi teléfono volvió a sonar. Henry Morgan, del otro lado, me explicaba que se había contactado con la hermana de Lucio, que también vivía en Nueva York. Tenía más información, aseguró, pero no quería ser muy gráfico.

Sé gráfico, dije en un tono de voz plano.

El Pirata intentó resumir lo mejor que pudo: dijo que a Lucio lo encontraron una semana después de haber muerto. Los vecinos terminaron por llamar a la policía luego de que la peste se volvió insoportable. Vivía solo, enclaustrado en su apartamento neoyorquino, paranoico, sin contestar llamadas ni abrir la puerta. Recibía comida rápida con reparto a domicilio y pasaba semanas sin sacar la basura por temor a que alguien pudiera irrumpir. Había abandonado a sus amigos de allá al igual que a nosotros, al igual que a su familia. Cortó lazos con el mundo. Aquí Henry hizo una pausa. No sé si pretendía que lo que me había dicho se asimilara en mi mente o si solamente necesitaba tomar aire y pasar saliva. Noté cierta agitación en su voz. Lucio llevaba años inyectándose *meth*, dijo en un tono de voz distinto. ¿Sí sabes qué es?

Sí, contesté de inmediato por temor a que mi amigo comenzara una diatriba explicatoria sobre los efectos del cristal.

No hubo forma de salvarlo de sí mismo, terminó Henry regalándome el lugar común más grande de la historia.

Gracias, dije. Luego colgué. Devastada o grosera, serían las dos opciones para el Pirata que seguramente esperaba que yo dijera cualquier cosa.

Acerqué la fotografía a mi cara y enfoqué en la imagen de Lucio. Su mirada me hizo perder el aliento por un instante. No era la mirada del adolescente presuntuoso que se despidió de mí hace tantos años para irse lejos y jamás volver. Sus ojos miraban hacia arriba, a la Noelia que era yo sobre la rama, y en su rostro había una expresión que yo nunca le vi antes, pero que le pertenecía a un chico acorralado frente a un peligro invisible. Por una fracción de segundo, aquella cámara con disparador automático logró capturar a otro Lucio que tampoco conocí. Se me ocurrió que aquella foto era mucho más antigua y para cuando yo comencé a salir con Lucio, aquella mirada ya se había deslavado de él para siempre, como aquel cielo grisáceo arriba de la casa, sobre nosotros.

Suspiré y relajé los músculos, pensando en lo egoísta que soy. La versión de una sobredosis en vez de la del suicidio me hizo sentir mejor. Un filtro o la luz natural en lugar del flash pueden hacer toda una diferencia sobre la misma imagen. Eso me lo dijo Lucio la única vez que me permitió estar con él durante una sesión de fotografía al aire libre. Retrataba a una chica que no era yo. Volví a guardar el cuadro en la caja metálica. No me sentí con ánimos de colgarla aquel día.

Mister Walrus

Siempre queda algo de los viajes; a veces, personas. A nadie le extrañó que terminando la preparatoria, Moira se fuera a estudiar a los Estados Unidos. Tenía, después de todo, dientes de primer mundo, una mamá que fue *playmate*, y esa forma extraña de no encajar aquí. De su padre, Moira no hablaba jamás, pero está claro que ese hueco ha llenado la mayor parte de su vida. Tal vez por eso tiende a gravitar hacia los hombres mayores.

Yo le conocí un desfile de señores con canas en las sienes y un gesto de poseer el aire alrededor suyo; ella se permitía flotar transportándose a un lugar que alguien le había robado de muy niña. No era que no supiera que la caída es el castigo para quienes rompen las reglas del suelo: simplemente tenía esa vocación icarista. El hombre-que-podría-ser-su-padre en turno, con el que se lanzaba al vacío con gran fruición fornicadora, terminaba siempre por romperle el corazón. Eran casados y en algún momento les era imprescindible volver a casa, llevar regalos a los hijos, enfocarse en el trabajo. Alguno que otro argumentaba que simplemente no era capaz de seguirle el paso. Su *Untergang* personal era, al parecer, la juventud.

Cuando Moira me contó que había conseguido la beca para irse a estudiar, nos vimos en un viejo café del centro donde las meseras tenían la misma edad que el mobiliario. A través de la ventana se veía la calle, con toda la gente que pasaba sin importarle que mi mejor amiga estuviera a punto de irse a un pueblo en Maine.

Stephen King vive allí, me dijo partiendo unas enchiladas rojas. Tenía la sonrisa reconciliadora de quien acostumbra sentirse culpable por todo.

Odio a Stephen King.

En realidad, en ese instante yo detestaba absolutamente todo lo relacionado con Moira. Hasta la luz que se metía por el cristal iluminándole la mitad de la hermosa cara.

Voy a escribirte todos los días, me prometió.

Yo le hice la seña de que tenía un pedazo de comida entre los dientes. Ella lo buscó, abochornada, antes de pagar la cuenta. Y aunque literalmente puso una carta cada día en el correo, yo no abrí ninguna. Las recibí todas en mi buzón; una a una, las puse sobre la mesa de la cocina y examiné la letra pasando el dedo sobre el papel, me fijé en la imagen del timbre postal y aspiré el aroma de la tinta del sello. Organicé las cartas en orden cronológico y al completar un mes entero, las amarré con un listón. Aun cuando no le contesté ni una vez, Moira no dejó de escribirme cada día. La culpa es más fuerte que la voluntad. No me permití considerar la nostalgia o el tiempo vacío como la explicación a ese fluir de cartas.

Conocí a alguien, me anunció el primer verano que vino de visita. Estábamos en un bar al aire libre, a media tarde. Frente a nosotros, la fuente de los perros que vomitaban agua me engañaba a pensar que Moira no se hubiera ido jamás. Le vi esa mirada que usa cuando cree encontrar al amor de su vida, y eso le sucede cada vez que sale con la misma persona durante más de un mes.

Su tenacidad, o lo que sea, me inspiró una oleada de ternura triste. No podía dejar de sentirme conmovida al verla ilusionarse con un hombre diferente. Si yo hubiera tomado cualquier carta al azar de las que me mandó durante los primeros dos semestres, estoy segura de que encontraría descripciones detalladas de un tipo que en ese momento era lo más espectacular del universo. Mi papel, el de mejor amiga o el que fuera, era alegrarme por ella. Así que le sonreí e hice lo que se esperaba de alguien como yo.

¿De veras?

Moira asintió varias veces, con la sonrisa iluminada, y sacó una foto de su bolsa. Era ella con un vestido negro y entallado, junto a un hombre con traje, de las dimensiones de una enorme morsa de pie. La mano de él descansaba sobre mi amiga como un ser con vida propia. Pero la impresión general de la imagen era que él la protegía. La foto fue tomada durante la cena de fin de año de su oficina en una compañía que tenía que ver con la computación. Lo miré con cuidado. No era especialmente guapo, pero no era desagradable. Estaba un poco pasado de kilos, sí, pero a cambio ofrecía un metro y noventa de estatura. Además, me repitió ella, tenía una personalidad arrolladora. Me reí: ciertamente podría arrollar a cualquiera. Me callé cuando me dijo su edad: tenía sólo cuatro años más que Moira y aquello era toda una ruptura con su patrón de relaciones previas. Yo podría conocer a ese nuevo espécimen de hombre en un par de horas, porque Moira lo recogería en el aeropuerto y yo iba a llevarla hasta allá.

Contesté que me encantaría ir por él. ¿Tenía otra opción? Era el primer novio que no era acreedor a descuentos para personas de la tercera edad, agregué. Moira se rio un poco dolida, pero me aseguró que lo iba a adorar. Luego me dijo que quería mostrarme algo que le preocupaba, sobre todo por su nueva relación.

Caminamos varias cuadras hasta la casa de su madre, una residencia antigua heredada de su hermana soltera. Todavía conservaba vestigios de su religión: un crucifijo arriba de la puerta, un pequeño nicho para la virgen en boga, la calcomanía en el vidrio de la ventana que da a la calle, con la amenaza: "En este hogar somos católicos". Adentro, un olor a encierro y vestigios de humo de cigarro dominaba el ambiente. Todo era penumbras y por un momento tuve un miedo infantil al entrar. En el cuarto, las maletas de Moira perturbaban el orden general. Aunque no había nadie en casa, cerró la puerta de su cuarto, puso el seguro y se volvió a mirarme.

Recordé todas las veces en que nos encerramos de niñas para leer algún libro prohibido. Supongo que con la esperanza de que no leyéramos esos lomos de títulos indecentes, mis padres los forraban de papel blanco. Para nosotras, era una forma magnífica de encontrarlos en los libreros. *El sexo en el confesionario. Mini-charlas para recién casados.* Casi siempre traducciones hechas en España, una forma de hablar tan extranjera como si fuera ruso o alemán. Padre, me siento sucia cuando mi esposo pide que le dé placer con mi boca. Las esposas que siempre ofrecen pastel de chocolate a sus maridos, sin esforzarse en la variedad, son las primeras culpables de que ellos busquen el de fresa en otra parte.

Moira sacó algo de la parte superior del clóset. Era una *Playboy,* versión americana, dedicada a las chicas universitarias.

Toda mi vida he tratado de no ser como ella. Los labios comenzaron a temblarle como siempre que iba a llorar. Y mira.

Pensé en decirle que seguía siendo una niñita, pero ella abrió la revista y la puso en mis manos. Entonces vi a mi amiga metida en un jersey con los colores de su escuela, que apenas le cubría los pechos. Posaba con las piernas separadas, la boca ligeramente abierta, como esperando algo. Los dedos de su mano derecha parecían estar a punto de tocar los labios de su vulva. Tenía el maquillaje perfecto, el peinado espectacular. No quise seguir mirando.

¿Por qué estás aquí? Y no sé si me refería a su imagen en el papel lustroso, o a su persona en ese cuarto conmigo, en una ciudad tercermundista. La sentí lejos, a kilómetros de mí: algo se estaba craquelando en algún sitio. Sentí las ranuras avanzar en silencio.

Salió la convocatoria en el campus. Ofrecían dinero.

Pero a ti no te hacía falta, Moira.

Necesitaba saber si yo podía también. Ella siempre fue la más bonita. Antes de que yo dijera algo, tragó saliva y siguió.

Tú no sabes lo que es tener una *playboy mommy*.

No. Yo sólo sabía lo que era tener un *rapist daddy*, pero no lo dije. En su lugar traté de no darle mucha importancia:

Lo hiciste, ya pasó y punto. Nadie se tiene que enterar.

Hay una cosa que se llama circulación, Noelia. Ésta es de millones.

Me puse a ver la revista. Cayeron al piso varias tarjetas de cartón para suscribirse. Muchos anuncios. Un par de artículos parecían interesantes, pero las hojas volvían a abrirse para desplegar a Moira. Tuve el impulso de acariciar las páginas tersas y suaves de color, pero apreté los puños.

¿Ya lo vio ella? ¿Es lo que te preocupa?

No. Me preocupa Enrique.

Fuimos a recogerlo al aeropuerto. Era mexicano, pero cuando terminó la carrera en Maine, encontró un trabajo allí mismo, en el que debía viajar constantemente a diferentes ciudades de México para verificar equipos de redes. Tuve que admitir que sí era un tipo agradable. Tenía algo que no sabría describir, pero que me relajó curiosamente. La sensación de conocerlo desde hace años se apoderó de mí. Como sentarse en el sofá que se ha ahuecado en torno a uno.

Moira se prendió de él para besarlo en la boca. Era como ver los rituales de apareamiento de las medusas. Me di cuenta de que en realidad nunca había visto a Moira encajar tan bien junto a un hombre. Un lugar común, lo sé, pero en ese momento pensé que estaban hechos el uno para el otro. Tuve que sonreír, y fue en ese instante en que Enrique me saludó con efusividad; me dijo que había escuchado hablar mucho de mí.

A tu favor, le dije devolviéndole el abrazo, Moira no me había presentado nunca a nadie tan joven como tú.

Él se rio y, mientras nos dirigíamos al carro, me platicó que siempre que venía a trabajar a México viajaba con traje, y al tomar un taxi el chofer, invariablemente, le adjudicaba una profesión diferente. Lo mismo un médico, rector de la universidad, ministro de una iglesia cristiana y empresario.

El taxista me dice, a ver, déjeme adivinar: ¿doctor? Y yo: sí, ginecólogo. Y todo el camino voy hablando de la importancia de hacerse un papanicolao, de los partos en la madrugada, y el hombre me hace preguntas sobre cómo descubrir las enfermedades venéreas en las damitas.

Cuando llegamos al carro, él se adelantó y nos abrió la puerta con una gran sonrisa. Era como el lacayo gigantesco de la versión waltdisneysiana de Cenicienta.

Eres un caballero, le dije, y para entonces ya no estaba intentando ser amable. En ese punto de la historia, ya se había ganado mi corazón.

Él se acomodó en la parte de atrás; Moira y yo, adelante. Lo miré por el retrovisor. Tenía las cejas como estolas, y en una de ellas resaltaba un cabello vertical. Lo imaginé en el taxi, pretendiendo hacer el papel de ginecólogo sólo para seguirle la corriente al chofer. No sé por qué, pero en ese momento deseé que Enrique fuera el hombre de su vida. No sólo el hombre que la poseyera, como todos los anteriores, sino el que la protegiera.

Los dejé en casa de la madre de Moira y me despedí. Quedamos de vernos un par de días después, cuando yo juzgaba que ya habrían copulado hasta el cansancio. Pero cuando regresé a verlos, supe que algo había sucedido. Era ese temblor que deja las cosas desmoronadas por dentro, pero con las estructuras aparentemente intactas. Se veía en los ojos de los dos. De todas formas, Enrique se puso de pie para saludarme; me pisó sin querer y lanzó un *duh!* a la Homero Simpson a manera de disculpa.

¿Pasa algo?, tuve que preguntar porque Moira se veía compungida. No era posible estar allí y pretender que nada sucedía. Puedo volver después, dije.

Ella se limitó a mirar la punta de sus zapatos, pero él sacó la *Playboy.* Le hice un gesto para que no me la mostrara.

Moira es tan guapa, tan agraciada, que es la prueba contundente de que Dios no ama a sus hijos por igual, dijo y sonrió lastimeramente. La mano que sostenía la revista le temblaba. Era triste verlo. Todos mis amigos la leen. Bueno, la ven. ¿Quién no?

Mister Walrus, como comencé a fantasear llamarlo cuando pasáramos los tres divertidos momentos juntos, me miró como si yo fuera el tutor de mi amiga. En sus ojos comenzaba a formarse una mezcla de arrepentimiento y de odio, mientras que su boca se había quedado atrás, congelada en una sonrisa estúpida, como de éxtasis.

Muy a su pesar, lo intuyo, él no podía dejar de ser lo que era. No era capaz de superar el hecho de que su novia fuera el objeto masturbatorio de millones de hombres como él. No se quitaría jamás la duda sobre lo que Moira tuvo que hacer para aparecer sobre esas páginas, para convertirse en la diosa corregida por el *photoshop*. Estaba en su mirada cuando lo fuimos a dejar al aeropuerto y besó a Moira muy ligeramente. La fractura ya se había extendido a lo largo de todas las paredes. Los tres lo entendimos.

Ella regresó a Estados Unidos y se graduó tres años y medio después. Durante ese tiempo, yo sí abrí sus cartas, que sumaban a lo mucho dos por mes. Así me enteré que salió con Sahgún, un nepalés casi tan delgado como un esqueleto y con pinta de huelguista de la UNAM; con Eric, un cubanoamericano que fornicaba siempre con su uniforme de *Marine* puesto y que era tan guapo como vano; con Harumi, el japonés que quería llevarla a conocer a su familia y formalizar la relación sólo después de dos citas; con Sami, el saudí que la llevaba a comer al *Red Lobster* y parecía obtener placer de mirarla comer langostas y luego, cuando iban a su departamento, ponía boca abajo la foto de sus padres, antes de penetrar a Moira. Tenía bigotito de Cantinflas, la letra de mi amiga me informaba sobre el papel arrugado.

Luego venía la lista de los inalcanzables, que provocaban en ella una especie de revancha personal que somatizaba volviendo a tener relaciones con todos los anteriores, aunque se hubiese prometido no volver a verlos más por una u otra razón. Luego sufría la resaca emocional y comentaba, como sin querer, que además eran todos tan pequeños, tan delgados. Yo pretendía no haber leído esa parte y le contestaba diciéndole que no se castigara tanto. Al menos son jóvenes, le decía como de broma. Si algún día quieres trabajar en las Naciones Unidas ya tienes experiencia. Además, nunca se sabe de cuál acostón puede surgir el amor verdadero. Pero entre líneas, las dos guardábamos una especie de luto por el hombre que semejaba un apacible mamífero marino y que podría tener cualquier profesión.

El cerdo burgués

Estoy en una banca, en la plaza, debajo de un gran ficus lleno de urracas. Miro el reloj de una iglesia cercana. Se supone que espero al hombre con el que Moira me citó. Veo hacia todas partes y no encuentro qué hacer con mis manos. Si al menos hubiera traído un libro, un periódico, no me sentiría tan estúpida. Yo hubiera preferido pasar la tarde con ella en casa, con alguna película, pero terminé por aceptar porque aquello parecía hacerla muy feliz. Moira se entregó con todo su espíritu a la tarea de encontrarme un galán, como dice ella.

En realidad no es la primera vez que me arregla una cita infructuosa con algún amigo suyo. Es inevitable que lo haga cuando ella estrena un nuevo interés amoroso, como digo yo. Le resulta incómoda la falta de simetría en nuestras vidas; los números nones no van bien con Moira. Cuando ella está libre, mi disponibilidad y mi soltería no son un problema.

Pienso cómo por años me rebelé ferozmente contra la obsesión de mi madre por verme convertida en una señora casada y ahora sucumbo ante el celestinaje de Moira. Veo un hombre que aparece en el opuesto extremo de la plaza luego de doblar la esquina y que comienza a caminar en mi dirección. Desde esa distancia, vestido con pantalones de mezclilla y camisa negra, parece tener no más de veinte años. Es alto, delgado y debe cubrir más de cincuenta centímetros en cada zancada. Cuando está a unos veinte metros de mí y puedo enfocar su rostro con barba de algunos días y arracadas en los dos lóbulos, le calculo unos treinta y cinco. En el momento en que se inclina para besarme, inundándome con un olor a tabaco y sándalo, puedo ver las arrugas junto a sus ojos y situarlo al fin en el rango de los cuarenta bien entrados: todo un Dorian Gray del altiplano.

Después del beso me pregunta si mi nombre es Noelia. Tiene el cabello salipimienta casi rapado, una salida digna a la inminente calvicie. Yo asiento y él se presenta entonces. Después de pronunciar su nombre, dice "servidor" con un cierto aire entusiasta. Si fuera moreno y de baja estatura y con acento capitalino no podría salir airoso con aquel sustantivo. Pero está claro que sabe que puede y esa altivez me relaja un poco. Bajo la vista y me encuentro con los dedos de sus pies, extrañamente largos y asomándose por la abertura de las sandalias de piel.

Invítame una copa, Servidor, le digo.

No me interesa otra cosa más que pasar rápidamente las horas hasta el final de la cita. Quiero poder llegar a casa y decirle a Moira: hicimos tal y cual cosa, platicamos sobre esto y aquello, y al final quedó en llamarme. Yo sé que después de que él vea mi forma de beber, luego de escuchar mis aburridos temas de conversación, no va a querer verme jamás y Moira no podrá decir que no lo intenté.

Servidor me sonríe y me toma por el brazo. Tengo un *déjà vu* ajeno: mi abuelo tomando justo así a mi abuela, para ir a la iglesia en un domingo nublado. Miro al hombre junto a mí y admito que es muy atractivo. Tiene la quijada angulosa, la sombra de una barba, y pestañas muy rizadas alrededor de los ojos intensos. Yo desconfío de los hombres guapos: todo lo bueno de la vida, sus placeres, las cosas superficiales, les llegan con demasiada facilidad. Caminan así, igual que Servidor, orgullosos de algo en lo que no tuvieron ninguna responsabilidad personal. Simple lotería genética, coincidencia con el canon de belleza de un cierto tiempo y lugar. No más.

Llegamos a un sitio que se llama *El Cerdo Burgués*, donde uno se puede tomar un café o cualquier tipo de alcohol. Las paredes están tapizadas de cuadros abstractos de artistas locales. Los clientes allí dentro son meros arquetipos: cabello largo con brillo de grasa, playeras negras con algún cráneo o la imagen del Che, herrajes en las cejas, narices, orejas, ombligos, un pin con un yunque y una hoz. Hay libreros con *best sellers* amarillentos y antiguos, probablemente las sobras de algún norteamericano que vino a morir a México. Los jóvenes platican con movimientos contundentes; conspiradores, se reclinan hacia delante en las pequeñas mesas, fumando. Otros leen *El capital* de Marx, el *¿Qué hacer?* de Lenin, o alguna biografía idealizada de Castro, mientras escuchan música en sus *iPods*, golpeando el suelo como conejos con sus *Converse* originales.

Servidor ordena un *whisky* en las rocas y yo pido un ruso blanco. La última vez que bebí uno fue con Moira en una playa, el verano posterior a su graduación, cuando el cáncer de piel y las arrugas no entraban en nuestras listas de preocupaciones. La chica que nos atiende tiene unos ojos maquillados como un oso panda, labios pintados de negro y un *piercing* en la nariz que parece una gran verruga. Lleva un gafete que informa que su nombre es Poppy.

Gracias, Poppy, dice Servidor y ella lo mira como si de pronto hubiera perdido gran parte de sus funciones cerebrales. Ése es el peligro de los hombres guapos con un mínimo de modales. Si no viniera conmigo, estoy segura de que Poppy lo seguiría hasta el fin del mundo.

Soy una cerda burguesa, le digo a Servidor mientras levanto mi bebida y sorbo con todas mis fuerzas a través del popote hasta que se me congela el cerebro. Si esperaba una pequeña revolucionaria, Servidor va a llevarse una gran desilusión. Pero él dice salud y choca su vaso con el mío, sonriente.

Normalmente no me fijo en lo que la gente lleva puesto, pero hoy quiero ser detestable. Observo sin discreción a Servidor, con su camisa de cuello Mao abotonada hasta arriba. Él se da cuenta y cruza los brazos sobre la mesa, inclinándose hacia mí. Huele a sándalo y nicotina. Me dice como susurrando:

La inteligencia de un hombre es exactamente proporcional al número de botones abrochados.

Me río, muy a mi pesar. Pienso en uno de los exnovios de Moira que llevaba la camisa abierta casi hasta el ombligo para poder mostrar los pectorales y las cadenas de oro. Era dueño de varios ranchos y estoy segura, de ningún libro. Luego me viene a la mente mi padre, con su camisa impecable y casi siempre con corbata. Lo cierto es que la bondad nada tiene que ver con los botones.

Servidor me deja probar su bebida y hago como si fuera lo peor que he bebido. Él no lo toma a ofensa y mientras enciende un *Camels*, me dice que es poeta. Supongo que cuando alguien hace una confesión así, lo propio es pedirle que recite algo de su autoría, o al menos preguntarle qué libros ha publicado y si se pueden conseguir. Pero ya he hecho bastante por consentir los caprichos de Moira.

Leí en alguna parte que un camello mató a su ama de cincuenta y tantos años, porque quería aparearse con ella, le digo esperando ganarme su animadversión.

Servidor cierra el Zippo con un golpe metálico que engulle la flama y luego inhala profundamente. Deja que el cigarro le cuelgue del labio y se acerca para quitarme un mechón rojo de la cara.

Moira habló muy bien de ti, pero no dijo que fueras tan divertida.

Soy la mujer más aburrida de todo el mundo. Sólo tengo un par de expresiones en la cara: de enorme fastidio y de fastidio regular. Y las pecas, como de plátano maduro. Servidor tiene los dientes amarillos, pero perfectamente alineados. Supongo que para mí, eso es poesía. Pedimos las rondas necesarias para llegar al estado de ebriedad óptimo para seguir soportándonos.

Cuando salimos de *El Cerdo Burgués*, Servidor tiene que ayudarme para llegar hasta su carro. Es de madrugada y llueve con fuerza, pero no podemos ir más rápido que lo que mis piernas alcoholizadas permiten. Cuando entramos al carro, los dos estamos empapados. Escucho el motor que se enciende, la voz de Servidor diciéndome que tiene ropa seca en casa, que tenemos que cambiarnos. Debería exigir que me llevara donde Moira, pero creo que no soportaría verme así, desprovista de todas mis inhibiciones. La última neurona responsable de mi cerebro, la conductora designada, opina que si voy a hacer una estupidez en el estado en que estoy, debería de llevarla a cabo con el hombre que me acompaña, y no con ella. Siento ganas de vomitar.

El humo del cigarro debe estar adherido a cada superficie del apartamento de Servidor, que a pesar del olor, resulta ser un sitio bastante agradable. Hay algunas macetas con cactus en las ventanas, muebles modernos, y muchos libreros. Desde una pecera, una gran araña nos mira entrar trastabillando, riendo por cosas que ya no recuerdo bien.

Te presento a Bettina, dice Servidor.

Yo repito ese nombre, Bettina la tarántula, y me resulta lo más cómico que he escuchado.

Antes tenía un lagarto que se llamaba Helmut, dice Servidor y se me ocurre que me habla como si de verdad me tomara en serio. No había conocido tanto respeto entre dos seres con cerebros tan dados al traste por el alcohol.

Servidor ha comenzado a quitarse la ropa. A estas horas y en estas circunstancias, parece lo más sensato, así que hago lo mismo. Se acerca y bailamos sin música, desnudos. Estoy consciente del volumen de su cuerpo, del movimiento interno y tibio, justo bajo la piel. Los músculos en movimiento, la respiración, la maquinaria entera funcionando. Me recuerda a un pequeño pájaro que se cayó de un árbol. Entre mis manos se sentía la vida, sacudiéndose con brusquedad, palpitando dentro del pequeño cuerpo, hasta que se extinguió. Lo beso e incluso lo llamo por su nombre. Me odio por ser, a fin de cuentas, sólo un cuerpo también.

Al día siguiente, me pongo la ropa todavía húmeda, con arrugas. Rechazo el desayuno y el ofrecimiento de Servidor para llevarme a casa. Insisto en que voy a tomar un taxi. Si no, ¿cómo voy a poder decirle a Moira que anoche salí con un cerdo?

Una lagartija sobre la ventana

De un tiempo acá, Noelia ha empezado a asistir a las presentaciones de libros solamente por los canapés y el vino gratis. Tiene unos lentes sin graduación que le dan un cierto aire de pertenencia. No se fija demasiado en el póster de la entrada que anuncia el libro a presentar mostrando el rostro del escritor, pero camina con seguridad y busca un lugar en la parte de atrás. El evento ya ha comenzado y algunas cabezas se giran cuando ella camina entre las filas hasta llegar a su asiento. Evita mirar su reloj y, en cambio, ladea la cabeza con la vista clavada al frente del salón. La idea es pretender que está atenta e interesada.

Los presentadores, por su parte, tratan de convencer a la audiencia de que el libro vale la pena, para que luego el autor lea con genuino éxtasis su obra. A veces, Noelia garrapatea ideas en una libreta sobre sus piernas cruzadas y muerde la punta de su pluma. Si nadie más lo hace, y eso sucede con frecuencia, Noelia levanta la mano al final para hacer alguna pregunta. Es una especie de cortesía para el escritor. A ella el libro en cuestión le importa tanto como los huesos de las aceitunas que al final quedan en las charolas de plástico, pero tuvo una madre a la que le importaban las apariencias.

¿Cuál crees que sea la metáfora obsesiva de tu obra?

El artista de esta noche, un narrador con una larga lista de premios y becas, barba de chivo y lentes a la Truman Capote delante de unos ojillos minúsculos, agradece la pregunta y comienza a hablar de sus influencias literarias, del porqué escribe y un largo etcétera que no responderá la pregunta. Una vez iniciada la máquina del tren del ego, Noelia se pone de pie y va a la mesa de los canapés. Toma uno de atún y otro de queso crema, los junta y los comprime en su boca, como ardilla. Luego empina una copa de vino blanco de una sola vez.

Hubo un tiempo, sin embargo, en el que Noelia leía las carteleras culturales y apuntaba los eventos en su agenda personal. Entre la escuela preparatoria y las tardes de eventos artísticos, las horas en casa se reducían al mínimo. Cuando era más joven, Noelia era organizada y puntual. Hace quince años, realmente escuchaba a la gente sentada en esa mesa de manteles verdes, que bebía de una botellita con agua mientras hablaba como si de verdad supiera lo que decía. Y ella creía en cada una de esas palabras.

Los sandwichitos son la propiedad intelectual de ese joven al que no estás poniendo atención.

Noelia se lleva un puño al pecho y da unos golpecitos para tragar lo que tiene en la boca. Esa voz, ligeramente familiar y de acento sajón, viene del mesero tras la mesa de los refrigerios.

¿Perdón?

El hombre lleva pantalones negros, y una barriga que se esconde tras una camisa blanca y suelta. Tiene una estatura arriba del promedio, la barba descuidada, un corte al ras y los ojos de un tono azul muy claro. Un bosquejo a lápiz, antiguo, toma color poco a poco en el cerebro de Noelia.

Llamadme Ismael... quítame unos veinte kilos e imagina que estoy rasurado.

Durante la preparatoria, entre otras cosas, Ismael Malka fue el maestro de historia y de literatura de Noelia. También fue el protagonista de largas y detalladas fantasías adolescentes, y un solapador, según su padre, que la ayudó a encontrar un trabajo para huir de casa.

No te reconocí. Pensé que seguías dando clases.

Noelia jamás hubiera pensado tutear a sus otros profesores, pero él era norteamericano, llegaba a la escuela en bicicleta y parecía ser inmune a las pretensiones del "usted" y de los títulos profesionales. El primer día de clases, sentado en un pupitre a mitad del salón, se presentó con la primera línea de *Moby Dick*. Balando con docilidad, Noelia y sus compañeros lo llamaron Ismael. Ella pasó numerosas horas admirando esas nalgas apretadas bajo los pantalones caquis, el perfil afilado, como una caricatura del *New Yorker*, cuando se volvía de espaldas para escribir en el pizarrón verde. Limpiándose las manos sobre los muslos, se ajustaba los lentes y su mano iba instantáneamente al cabello rizado con sus primeras canas y las entradas irremediables: lo más sublime del mundo. Noelia era, después de todo, joven y maniquea.

Y yo pensé que terminarías dirigiendo una trasnacional, no robando sándwiches subvencionados por el instituto de cultura.

La Noelia de prepa se habría congelado ante las palabras de su profesor, como siempre que él preguntaba algo y a ella le era imposible contestar, no porque no supiera la respuesta, sino porque su corazón perdía el ritmo y su piel se encendía. Pelirroja de mierda, pensaba mirando su pupitre marcado con una N y una I. Como si escribir sus iniciales obstinadamente fuera a resquebrajar el adjetivo "imposible". Pero la Noelia de hoy es capaz de hablar. De lanzar al aire una invitación directa.

Siempre se puede terminar peor. ¿Nos tomamos algo cuando salgas de aquí?

Ismael Malka le llena la copa otra vez con una destreza alarmante.

Ya estás tomando.

Ahora Noelia puede aceptar una negativa, incluso una respuesta paternalista y no desmoronarse como galleta de monja. Además, su profesor tiene varios kilos de más y está en la etapa previa a la calvicie total.

¿Cambiaste la docencia por esto?

Me corrieron por no adecuarme al paradigma de valores del Instituto Coproscológico de Valores Trascendentales, dice Ismael con una sonrisa sin labios.

Pero ¿cómo fue? Luego de tantos años...

Por un segundo, Noelia comienza a sentir aquella indignación adolescente que le permitía dividir el mundo entre blanco y negro con una facilidad pasmosa. Se da cuenta de que extraña aquellos días tan simples desde la óptica de hoy.

Con un movimiento digno de un discípulo de Fagin, Ismael se mete un par de canapés en la boca y se limpia con la manga.

Perdón, pero como entenderás, no tengo muchas prestaciones aquí. ¿Decías?

Me ibas a decir por qué te corrieron de la prepa, dice Noelia mirando hacia otro. De pronto ha perdido el apetito sin saber la razón.

Nadie quiere un *commie-jew-queer-dopefiend* en su escuela. Palabras del entrañable Allen Ginsberg. Ser judío, aunque sea ateo, me hizo acreedor a una membresía en la judería internacional. Era muy peligroso para los jóvenes del mañana.

Ismael Malka suelta unas carcajadas torpes. Noelia adivina un hueco entre sus dientes. Se da cuenta de que nunca lo había visto así, riendo. En realidad no le favorece. El rostro sombrío y amargado le va mejor.

¿Y cómo te sacaron? Digo, eso no es políticamente correcto...

Ah, la razón oficial es que yo era un pésimo maestro. No tenían evidencias, pero lo peor es que no las necesitaban. El sistema, las evaluaciones, *you know the drill*.

Se escuchan aplausos y en un momento el público se amotina en torno a Ismael exigiendo sus copas de vino y los bocadillos que les corresponden luego de una hora de escuchar al escritor, quien ahora contesta las preguntas de los reporteros de cultura y pone cara de interesante para las fotos. Alguien, siempre hay un admirador zalamero que llena ese nicho, le pone una copa de tinto en la mano al joven vate. Noelia se escurre y se acerca para decirle a su ex profesor que lo esperará fuera. Él asiente mientras lucha contra un corcho.

Imagínate si mi gente ha envenenado los pozos, qué no haré con el vino, dice y para ella es imposible dejar de mirar esos ojos de mezclilla deslavada. Sentir otra vez.

No lo vayas a convertir en agua, dice Noelia, pero no está segura de que Ismael haya escuchado.

Una hora después, Noelia sigue fumando sobre la banca de un andador. Ismael se materializa de entre la gente que pasea por el centro y se sienta junto a ella. Lleva un sombrero panamá y botas norteñas. Es como si hubieran cubierto con engrudo, periódico y una latinidad genérica a ese gringo estilo *Discovery Channel* que alguna vez fue.

¿Te acuerdas de cuando subimos al volcán?

La voz de Noelia es un anzuelo, el último intento por aferrarse a los recuerdos. En aquel viaje a Toluca, después de terminar la preparatoria, Ismael todavía era Ismael.

Te veías muy contenta cada vez que volteaba a mirarte, que no fue mucho porque a aquellas alturas, con ese aire tan puro, tu pelirrojez me dolía los ojos.

Noelia no contesta: siente un vuelco en alguna víscera indefinida, en esa parte de ella que creía inexistente. Se suponía que trepar el volcán sería sencillo. Noelia nunca fue afecta a las alturas, pero accedió a escalar el volcán porque no sería la cobarde de la generación. Tampoco iba a desperdiciar la ocasión de estar cerca de su profesor. Al principio no fue tan malo, pero a medida que subían, la tierra, las piedras, comenzaban a cubrirse de una capa de hielo sucio. Salieron de madrugada, y por un par de horas ella se forzó a seguir con la mirada puesta en la parte posterior del cuerpo de Ismael, que iba a la punta, guiando a sus compañeros. Después de un rato las piernas le pesaban con dolor.

En algún momento, sin embargo, Noelia se congeló. Los ángulos casi rectos de las subidas eran imposibles: cuando miró lo andado, quiso morirse. No quería seguir, pero regresar se le antojaba igual de complicado. Tomó asiento en una piedra más o menos plana, se abrazó las rodillas e inclinó la cabeza. Una tortuga no lo habría hecho mejor. Seguramente alguien le avisó a Ismael, porque regresó por ella y la ayudó a levantarse. No pasa nada, le dijo. Paso a paso, prendida de los tibios guantes de Ismael, Noelia llegó a la punta. Sin prisas. Con el cuerpo de él como escudo cuando pasaban algún camino angosto. Cuánta paciencia. Cuánta cercanía. Noelia dejó de tener miedo y se dejó llevar por todas su fantasías. Esperaba que en algún momento se diera el momento. Entonces ella se llenaría de valor para besarlo. O mejor: él. Siempre has sido tú, le diría.

Ismael y Noelia se levantan y comienzan a caminar, a veces tocándose por efecto del tráfico de los andadores, más llenos que de costumbre por la época navideña en ciernes.

¿Y qué hiciste luego de que dejaste la prepa?

Di clases en otras escuelas, pero en todas terminaron por

invitarme a salir. Conozco todos los eufemismos para *get-the-fuck-out*.

¿Y no extrañas eso, la docencia?

No, entre más años tengo, menos dispuesto estoy a tolerar mamadas. No me quedan tantos años antes de la decrepitud. Ser mesero es más sencillo.

Ya, dice Noelia mientras pasan los puestos de pulseritas de los *hippies*. Un Haight-Ashbury fuera de tiempo y de lugar, una caricatura de tercer mundo. Le da la impresión de que son los mismos de antes, sólo que más viejos, tostados por el sol e idos de la mente.

¿A dónde vamos, Noelia? Yo te sigo a donde quieras, pero no me siento con ánimos de andar de turista. La edad, ya sabes.

Es verdad. La piel de Ismael tiene arrugas y de sus ojos cuelgan unas bolsas amarillentas. Tiene la barba llena de canas y pelos saliéndole de las orejas. Esa barriga, por Dios. Está vestido de una forma por demás ridícula. Y sin embargo, se encuentra deseándolo a pesar de. Como si el deseo adolescente hubiera quedado suspendido en el aire y ahora cayera encima de ellos. Cenizas volcánicas. Sin tiempo. Él, un mesero; ella, una ladrona de pan y vino. Aquí y ahora.

La verdad es que quisiera estar a solas contigo, dice mirándolo a la cara. Espera ver en sus ojos un relámpago del antiguo profesor, ese de la sonrisa torcida y el comentario irónico siempre listo para arremeter contra las estupideces o las cursilerías, o ambas, como en este caso. Pero nada de eso llega, sólo una expresión de perplejidad, como si no hubiera logrado escucharla bien.

Cuando están frente a uno de los tantos templos de la ciudad, Noelia toma la mano de Ismael y lo hace entrar. Una mujer trapea con ánimo gris los pisos y no se molesta en mirarlos. Un par de ancianas rezan en las bancas de enfrente. Huele a velas, a humanidad e incienso. El aroma del catolicismo. Tal vez Ismael jamás haya estado en una iglesia. Noelia lo lleva a una de las esquinas, junto a una caja para limosnas y un Cristo sangrante.

Dime que no vas a bautizarme, dice Ismael, y por primera vez, Noelia lo toma fuera de guardia. Sin el cinismo de bolsillo. *Ironic-less*. Está claro que no entiende por qué están allí y el no saber lo angustia. Su palma está fría.

No pasa nada, susurra Noelia.

Se detiene y encuentra el cuerpo de Ismael. Tiene que pararse de puntas para llegar a su boca, que le sabe amarga. Aspira ese olor a sudor rancio y no puede sino recordar que su abuelo también olía así. Está consciente de que su maestro está tenso, y con la espalda contra la pared. Sus manos como alambres sobre los costados de su propio cuerpo. Los ojos azules de cerca, vibrando con una especie de terror. El hombre que tan apasionadamente le habló de la novela distópica de Orwell, el que logró convencerla de que se interesara en la guerra en el desierto, permanece inmóvil cuando Noelia lo besa tan a destiempo. Y parece respirar con alivio cuando ella para.

De pronto, ella sabe lo que va a pasar. La epifanía le viene así de golpe, como en esa fracción de segundo en la que uno se da cuenta de que está por apoyar el zapato sobre una mierda de perro, pero ya no hay nada que se pueda hacer porque se ha dado ese paso irremediablemente.

Tengo novia, por usar una expresión, dice Ismael y se lleva la mano a la barba y echa una mirada rápida alrededor.

Entiendo, dice Noelia tocando la orilla de un fieltro lleno de milagros. Sus dedos tiemblan cuando toma entre sus dedos la silueta burda y dorada de alguien que reza de rodillas.

Y no me gustaría que te excomulgaran.

El tono condescendiente borra aquella lejanía de los años en que fue su maestro. Ella experimenta la misma sensación de tener que escribir un ensayo sobre un libro que no leyó. El deseo de escapar de la humillación es casi doloroso. Se trata de una versión casi terrenal de la pesadilla recurrente en la que olvida ponerse ropa antes de entrar a la escuela.

Noelia consigue salir del templo en una pieza. El trajín del centro es el mismo de hace un rato. El olor a elotes asados persiste, así como el ruido de motores. Los *souvenirs* de santos y rosarios siguen sobre sus manteles junto a los retazos de hostias. Y la gente, tanta gente. Los canapés todavía dentro de su estómago. Se siente fría, oscura y sin fuerzas, como una lagartija sobre el cristal de una ventana.

Stalin vuelve a la U.R.S.S.

Moira y yo esperamos a la esposa de Stalin en una cafetería del centro. Llegamos a tiempo y sin esperanzas de que ella sea puntual. Se entiende que la amante es la que tiene que aguardar a que llegue la mujer oficial y no al revés. Miro la hora en el reloj de la pared cercana a la caja registradora. A veces los minutos se escurren como en el mejor de los lugares comunes, por los dedos, como arena, pero ahora parecen haberse combinado con agua y cemento, fijándose en aquellas manecillas que tratan de parecer antiguas. Me siento junto a la ventana para poder ver disimuladamente hacia fuera mientras escucho lo que pasará en la mesa de junto. Desde allí, Moira saca una cajetilla de cigarros y enciende uno sin mirarme. Yo le aconsejé que no fumara, que todas las amantes fuman y ella no debería entrar tan limpiamente en ese estereotipo, pero ella me vio con una expresión de enfado y dio un pequeño bufido. Se ve mucho más guapa que lo normal, pero el exceso de maquillaje no alcanza a cubrir todas sus inseguridades. Imagino que la mano le temblaba al aplicarse la base, al pasar el rímel por aquellas pestañas rizadas. Está nerviosa; sólo yo podría adivinarlo.

La mesera se acerca para ofrecerme café y acepto, pero Moira la despacha diciéndole que espera a alguien. Tiene esa mirada desafiante que adoptan a veces las mujeres solas y que para algunos hombres es irresistible. No me extrañaría que en cualquier momento algún solitario con aires de conquistador se ofreciera a acompañarla. A las mujeres como ella, les pasa todo el tiempo. Yo prefiero observar el vapor que sale de mi taza o revisar mi reloj, indignada, como si mi cita estuviera tarde.

Después de casi media hora, la esposa de Stalin aparece. Mueve la cabeza buscando entre los clientes a alguien que tenga pinta de mujerzuela, supongo. En realidad, cuando hablaron por teléfono y acordaron el lugar de la reunión no se dieron ninguna seña para reconocerse. Como si pudieran olerse desde lejos por el simple hecho de compartir el cuerpo de un tercero. Pero tal vez Moira haya visto furtivamente alguna foto en la cartera de Stalin mientras se duchaba en el baño del motel, porque veo que apaga con determinación la última parte de su cigarro y le hace una seña con la mano a la señora Stalin. Cualquiera diría que tiene experiencia en este tipo de cosas.

Ella camina hacia Moira con toda la dignidad que le confieren un pedazo de papel y un sello del municipio. Como le corresponde a las mujeres en su situación, va con paso apretado y la espalda muy erguida. No es terriblemente fea, pero dista de ser guapa: entiendo por qué él sale con mi amiga, que no tiene ese aire de perro *pug*, con los ojos ligeramente asimétricos y saltones. Al menos tiene el cabello a su favor: lacio, brillante y hasta la cintura, como de anuncio de champú. Pero la pobre tiene la nariz demasiado ancha. Imposible no fijarse. Fuera de eso, parece una mujer bastante normal, un poco *hipster*, con sus lentes de pasta, de esas que llevan años trabajando en una tesis eterna.

Toma asiento en la silla justo frente a Moira y la estudia sin disimular. Tal vez quiere ver qué es lo que la hace tan maravillosa para que su marido la busque para copular a escondidas. Moira le sostiene la mirada mientras enciende otro cigarro que mancha con su labial. Exhala hacia arriba, pone el cigarro sobre la orilla del cenicero y abre las manos como un pavorreal sobre la mesa. Sus uñas están recién hechas: perfectas.

¿Y bien?

Su voz es fuerte y hermosa como la de una cantante de los ochenta. No se extingue ni se quiebra por la mitad. A veces la escucho cantar mientras se maquilla después de bañarse, inclinada frente al espejo con la toalla envolviéndola malamente. Yo no quería que fuera a hacer una escena con esta mujer, por quien comienzo a sentir un poco de pena.

La vida de uno se vuelve un polvorón cuando se descubre una infidelidad, ponte en sus zapatos, le sugerí cuando íbamos en el carro. Pues sus zapatos deben ser bastante feos, me contestó. No es una chica material como yo, dijo entre risas. Moira siempre ríe cuando desea evitar algo.

Quiero que dejes de verlo, dice la esposa de Stalin con un dejo melodramático.

Moira se termina su café y se limpia los labios delicadamente con la servilleta. No sé qué esperaban las dos de esta reunión, medirse tal vez, infectarse los ojos para siempre con la imagen de la otra y luego perder el sueño comparándose bajo todo parámetro posible.

Si quieres algo, yo te invito.

La esposa de Stalin aprieta la boca y guarda silencio. Una taza de café siempre es algo de lo que uno se puede asir en una situación difícil. Ella está frente a la amante de su marido y no tiene una trinchera. Yo levanto la mano para llamar a la mesera, que acude dócil con una jarra negra. Ella aprovecha que está cerca y pide uno.

No necesito tus limosnas. Tengo quien me mantenga.

Moira ríe, pero sólo yo detecto lo falso de esa risa. Ser cruel es la mejor forma de disimular el miedo, y ella sabe ser cruel.

La última vez que bebimos juntas en el departamento y Moira me contaba cómo sufría con Stalin, se acercó a mí vibrando, pero cuando yo iba a besarla, se tapó la boca con asco. ¿Cuándo fue la última vez que te lavaste los dientes? Era de madrugada, estábamos ebrias, era totalmente injusto. Me fui a mi habitación, me enrosqué sobre la cama y fingí dormir como la simple compañera de cuarto que soy.

Es curioso cómo alguien tan progre como tú se ufana de ser una mantenida. Yo creía que las de izquierda eran feministas, ya sabes, el matrimonio es un invento burgués...

¿Y quién te dijo que yo soy eso?

Stalin, ¿o tenemos a alguien más en común? Pero según entiendo, tú eres la que lo mantiene a él.

El tono de Moira es de burla. La esposa de Stalin debe estar recreando en su mente una conversación entre su marido y su amante en donde ella es el tema central. La sensación de humillación y orgullo mezclados es una experiencia que conozco. El carrito de los postres pasa junto a mí y pido una rebanada de *pay* de manzana: deseo intensamente que Stalin vuelva con su mujer y el corazón de Moira se despedace como esta corteza al insertar mi tenedor. Tal vez entonces se daría cuenta de que estoy allí no sólo para pagar la mitad de la renta.

Stalin y yo vamos a replantear nuestra relación, vamos a empezar de nuevo. Me prometió que no te iba a volver a ver.

Veo que toma su café negro, sin azúcar. Unos bigotes húmedos le cubren el labio superior cuando baja la taza.

Me alegro por ustedes. Moira descruza las piernas y planta los zapatos sobre el piso de madera. Parte de su mundo se está desmoronando debajo de sus pies, lo sé. Justo hace unos días no se explicaba por qué Stalin no contestaba sus correos, ni sus mensajes, ni sus llamadas. Comenzó a roerse las uñas hasta dejárselas hechas una lástima, pero yo la arrastré con la manicurista para cubrir las apariencias. ¿Pero qué tiene que ver eso conmigo?, dice con el tono *naïve* más malintencionado que he escuchado.

Quiero que lo sepas para que lo dejes en paz.

Entonces tendrías que estar hablando con Stalin. Él es el que me busca.

La mentira es siempre el último recurso de los acorralados. La esposa de Stalin traga saliva y mira fijamente a su rival. Estoy segura de que quisiera abalanzarse sobre la mesa, tomarla por el cuello y apretarlo hasta que por su aliento salga cualquier partícula que su hombre haya dejado en ella. Extinguirla lentamente. Pero como no puede, usa las palabras. Tiene el timbre de voz incómodo que los adultos usan cuando van a hablarle de sexo a los niños. Dice muchas cosas y a medida que lo hace, su voz deja de ser enclenque, mientras que el rostro de Moira se vuelve oscuro y su cuerpo se va endureciendo. Imagino que los músculos de su espalda están tensos. Se ha vuelto un objeto quebradizo, un mazapán.

Sólo yo sé qué tanto le disgusta que la gente asuma cosas de ella, que la aglutinen en un grupo ficticio llamado "gente como tú", que se refieran a su vida como "pequeño burguesa". No puede soportar la pedantería de los que piensan que son superiores a ella sólo porque tuvieron una infancia llena de carencias. Y por lo que Stalin le ha platicado a Moira, y ella a su vez ha vertido sobre mí en nuestras largas pláticas nocturnas, Stalin y su esposa se conocieron en la Facultad de Letras de la universidad, en una clase dictada por un profesor comunista. Nutrieron su relación con mítines secretos en lugares abandonados, lecturas que ellos creían subversivas, pero que se podían encontrar en la biblioteca, compartieron la culpa de comer una hamburguesa en alguna franquicia trasnacional.

Los padres de él habían sido militantes del partido comunista y de allí la ocurrencia de bautizarlo así. Creían que en el futuro el mundo iba a ser rojo y que nadie levantaría ni una ceja cuando su hijo dijera su nombre. Los padres de ella eran simplemente gente de clase media venida a menos, y ésa era una buena razón para unirse en contra del capitalismo. Stalin y su esposa habían vivido juntos por muchos años sin casarse, pero al final lo hicieron sólo por el civil, por cuestiones prácticas.

Estoy segura de que a Moira le pesan los logotipos de su ropa que, según la esposa de Stalin, representan los dedos pinchados de alguna costurera tercermundista esclavizada en una maquiladora. Una gastritis comienza a formársele con su educación privada, con su trabajo de oficina climatizada que le permite cambiar de guardarropa cada año y compartir con su mejor amiga un departamento en una buena colonia. Si este encuentro es una especie de duelo a muerte, Moira blande su espada sin fuerzas y está perdiendo mucha sangre. Él nunca podría amarla de verdad porque ella nació en una familia más favorecida que la suya. El rencor es el muro de Berlín de las clases sociales.

Stalin me dio todos sus *passwords*, el celular, acceso a lo que yo pida. Vamos juntos a todas partes. Por eso sé que no te ha buscado ni a ti ni a ninguna de las otras.

Una piedra arrojada con fuerza sobre un lago verde y fangoso. La esposa de Stalin sonríe al ver el dolor formándose en líneas concéntricas dentro de los ojos de Moira. El lugar más solitario del mundo está entre los brazos de Stalin, me dijo una vez en una de sus tantas rupturas. Ahora resulta que no sólo es Moira. Si la esposa de Stalin miente, no hay forma de averiguarlo, y en todo caso, es irrelevante. ¿Por qué tendría que ser ella la única que sucumbía ante la indefensión de ese hombre, sus crisis nerviosas, sus constantes depresiones, el dinero que apenas le alcazaba para comer? El patetismo asumido es el mayor afrodisíaco para algunas. Llamo a la mesera y pido mi cuenta.

Yo no sé qué esperaba Moira de todo esto, pero para mí está claro que lo que quería la esposa de Stalin con el encuentro era levantarse triunfal sin pagar su parte, dejando a la amante de su marido hecha un cúmulo de sal sobre la silla. A mi amiga sólo le quedaría buscar algún burgués con quien casarse para comenzar a fabricar hijos, a los que llevaría a todas partes en una minivan: la encarnación de todo aquello que Stalin desprecia. Intentaría no suspirar pensando en lo que se perdió, porque de hecho no se perdió de nada. Pero aunque yo se lo diga una y otra vez, sé que no podrá entenderlo jamás.

Caminamos juntas hasta el carro sin hablarnos. Ya está oscureciendo. Paso mi brazo por encima de los hombros de Moira y ella, acurrucándose contra mi cuerpo, se deja llevar a casa.

Campo de fresas

La noche en que mi padre moría en el hospital, yo limpiaba el arenero de los gatos. Al menos me gusta imaginar que en el preciso momento en que su corazón dejó de latir, yo levantaba la mierda gatuna sin dedicarle siquiera un pensamiento. Aquella noche salí de mi clase de Sociología de Grupos, en donde estudiábamos a los Oneida, los Amish, y a la familia Manson. Para evitar conversaciones en el transporte público, leí algunas páginas del maltratado *paperback* de Bugliosi en el camino a la casa de Pepita. Abrí con mi propia llave, puse mi mochila en el piso, y llevé la bolsa de víveres a la cocina. No dije nada porque con frecuencia ella suele dormitar y se sobresalta tanto con cualquier ruido, que temo que su corazón se detenga en una de ésas. Encontré la sala a oscuras e iluminándose con los brillos intermitentes de la televisión. La novela de las ocho de la noche apenas comenzaba: mi hora de llegada.

Este trabajo de cuidar a la anciana no estaba nada mal. Sus hijos, ocupados con sus propias vidas, me contrataron por visitarla a diario. Era mi deber alimentar a los cinco gatos que transitaban con libertad a través de la ventana de la cocina, asegurarme que tuvieran comida y agua, limpiar el arenero y hacerle las compras a la anciana, que era en realidad muy independiente y sólo requería ayuda para cambiar algún foco fundido, mover un objeto pesado o enhebrar una aguja. Supongo que yo daba la impresión de ser una buena chica, paciente y modosa, que no extrangularía a su madre con el cable de la plancha para luego huir con su tarjeta de descuento de la tercera edad, los ahorros dentro de la cajita metálica arriba del piano, la foto autografiada del Juan Pablo II, y la figura del Sagrado Corazón que parece abrazar a quienquiera que entra a la casa. Para mí, el trabajo era sólo un ingreso extra que me permitía gastar sin poner mucha atención a mis caprichos. Después de todo, tenía la beca de la universidad y el dinero culposo de mamá, que aseguraba que era su obligación cerciorarse de que yo tuviera una buena educación sin pasar penurias. Pero cuidar de Pepita también tenía el efecto secundario de hacerme acreedora a elogios de extraños y de conocidos, que alababan mi caridad. Trabajar para una ancianita me volvía un dechado de virtudes ante los ojos de los demás y en algunos días, eso es algo que se aprecia tanto como un buen masaje de pies.

Cuando Pepita escuchó a los gatos maullar por mi presencia, extrajo su cuerpo del sofá con cierta dificultad y encendió la luz. Lo normal es que me salude con un buenas-noches-mijita antes de ofrecerme pan dulce y nescafé con leche, además de agradecerme mi puntualidad. No es sano que una jovencita como tú esté así de flaca, dice. Mi respuesta es enarbolar mi talla nueve como una excusa, pero siempre termino comiendo un cochinito de jengibre con un vaso de leche al final. Luego ella suele comenzar con su diatriba contra la gente que llega tarde a todos lados, y con la decadencia de la juventud de hoy. Pero esa noche vi en la cara de Pepita aquella misma expresión de cuando Milo, el gato naranja con rayas, salió para no volver.

¿Pasa algo?, dije mientras abría una lata de atún.

Pepita tiene el cabello corto y canoso y por lo regular lo lleva en un peinado infantil, con broches con forma de flores. Siempre evito mirarla porque no me gusta pensar en ella como un ser patético, así que me concentré en mezclar el atún con las croquetas para gatos.

Acaban de internar a tu papá en el hospital. Está muy grave.

Puse el plato en el suelo y los gatos se juntaron alrededor con sus colas en alto como los rayos de un sol ondulante. Mi madre había insistido en que dejara un teléfono donde me pudieran localizar. No es una oficina, le dije. Aunque sufre de una compulsión por saber en dónde me encuentro exactamente a cada hora del día, niega lo que sucedió bajo el techo de su misma casa durante tantas noches. No fueron las relaciones sexuales metódicamente arregladas, como en la comunidad Oneida, pero igual se permitían; no con una lista previamente concertada, sino con los ojos cerrados. Al final terminé dándole el número de Pepita, sólo para dejar de escuchar su voz. Siempre estuvo ausente de mi vida y pensé que seguiría siendo así: no creí que fuera a llamar.

Gracias por avisarme, dije y me senté en la mesa, con la libreta de las compras y un bolígrafo. Lo apreté con fuerza hasta que mis dedos se pusieron rojos. ¿Qué cosas va a necesitar que le traiga mañana?

Tu papá está en el hospital. No tienes que venir, dijo tocándome el antebrazo.

Es raro pensar que está sufriendo, dije. Pude ver que algo oscuro y problemático comenzaba a concentrarse en sus ojos, pero eso no me impidió seguir. Uno siempre piensa en los papeles como inamovibles, ¿sabe? Sobre todo cuando duran muchos años. No pude evitar mirar el suelo al decir esto. Pero luego fijé la miré en ella y terminé: Así que la noticia que me da es una revolución para mí, doña Pepita.

Dudo que pudiera entenderme. Tal vez lo único que podía captar era el tono de mi voz y mi reacción, que no era la de una buena hija. Vi las orugas moradas de sus venas y su piel con manchas. Su esposo lleva más de diez años muerto, pero Pepita conserva la argolla matrimonial en el dedo arrugado. Así eran las manos de las brujas en mis libros infantiles.

Se puso de pie y se dirigió al refrigerador. Los gatos se le enredaron en las piernas: les encantaba meterse y olisquear los recipientes con sobras de guisos. O tal vez lo hacían para refrescarse. Ella se detuvo antes de abrir la puerta y sacar un frasco de insulina. Esperó a que los gatos salieran y cerró. Volvió a sentarse junto a mí. Se levantó la manga dejando al descubierto la piel reseca y flácida de su brazo. Yo preparé la jeringa. La aguja entró fácilmente en su carne y yo apreté el émbolo con demasiada fuerza. Ella dio un pequeño gemido y se acomodó la blusa.

Doña Pepita, le prometí a sus hijos que no faltaría a mi trabajo. Dígame, ¿qué le traigo del súper?

Mija, mija, mija.

Su cara pálida y arrugada era todo lo que quedaba de una belleza que hace mucho se había ido. La anciana entornó los ojos meneando la cabeza de un lado a otro y luego hizo un movimiento con la boca para reajustarse la dentadura. Cuando era niña pensaba que antes de irse a dormir los abuelos se bebían el vaso con dientes sobre el buró. También creía que alguien iba a venir a rescatarme cuando mi padre llegaba a sentarse en la orilla de mi cama. La infancia es un mar de malentendidos.

¿Ya le conté que los miembros de la familia que formó Manson escribían en las paredes la palabra "cerdo" con la sangre de sus víctimas?, le dije con el mismo tono de quien comparte un chisme familiar.

Pepita se puso de pie en silencio y me dedicó una mirada de reproche antes de salir de la cocina. Tal vez los años sí terminan por producir un poco de sabiduría en las personas, si acaso como efecto secundario. La escuché murmurar algo sobre mi descenso hasta la parte del Infierno donde se calcinarán los hijos ingratos. Encendió la televisión y fingió interesarse en su novela. Increíblemente, comenzó a granizar poco después. Por un momento me quedé allí, mirando hipnotizada por la ventana cómo esos misiles blancos golpeaban todo lo golpeable allá afuera.

Realicé un pequeño inventario de los contenidos del refrigerador y de la alacena para hacer una lista provisional. Casi siempre eran las mismas cosas, a menos que Pepita quisiera algo en especial, como una veladora, un jarabe, o algún té milagroso. Le llevé su merienda en una charola, pero no se dio por enterada y siguió mirando la pantalla, el cuello tenso y los labios apretados. Si creía que yo iba a caer en el chantaje e iba a sentarme a negociar su alimentación por una visita a mi padre, estaba muy equivocada. En ese momento no me podría importar menos si ella decidía no volver a comer jamás.

Me dirigí al baño y comencé a limpiar la caja de arena. Los gatos me vigilaban desde cierta distancia, nerviosos. Escuché sonar el teléfono en la recámara. Caminé lentamente, esperando que sonara varias veces y quien sea que fuera, se diera por vencido y colgara. Pero el timbre no cesaba. Pensé que Pepita me gritaría que me apurara a contestar, pero persistió en su afán de mudez. Levanté la bocina: era la voz de Moira. No me saludó ni me preguntó cómo estaba. Lo primero que me dijo fue que mi madre llamó a nuestro departamento para darme la mala noticia.

¿Se le rompió una uña?

No, se murió tu papá.

Después de eso, mi amiga se quedó callada. No la culpo, lo normal en una conversación sería que yo dijera algo, pero permanecí en silencio escuchando la sangre correr dentro de mi cuerpo, el sonido de mi garganta al tragar saliva, la vida que persistía en mí. No sé cuantas veces deseé escuchar las palabras que Moira recién había pronunciado.

¿Sigues allí, Noelia?

Sí.

No sé qué decirte, se excusó.

Tengo que tirar una bolsa llena de caca de gato, te veo luego.

Colgué con suavidad el auricular para ir al baño a terminar de una vez con la caja de arena. Comencé a experimentar náuseas por el olor del arenero: todos mis sentidos estaban exacerbados y eso no era necesariamente malo. Lo de los gatos era ofensivo para mi nariz, pero mi piel percibía de una forma casi erótica el roce de mi ropa y mis oídos se maravillaban por el sonido de los pájaros afuera, retornando a sus nidos para pasar la noche. La parte fisiológica de mi persona celebraba el milagro de estar viva. Pero no iba a recibir ningún regalo ni siquiera un abrazo: cuando iba a salir, encontré a Pepita de pie en el umbral, con las manos cruzadas sobre el pecho, bloqueándome el paso. A juzgar por la expresión en su rostro, era claro que había estado escuchando mi parte de la conversación.

Me miró de arriba abajo con una pausa entre mi cara y mis piernas, como si en esa zona de mi cuerpo se encontrara la razón de la ingratitud hacia mi padre. Pero yo no iba a sincerarme con una amante de los gatos y del cereal alto en fibra. Cuando se lo conté a mamá, ella dijo que no tenía tiempo para mis tonterías. Ningún padre se sienta en la cama de su hija para masturbarse con la mano de ella mientras duerme. Eso era una mentira que me llevaría al manicomio si yo la seguía repitiendo, me advirtió. Luego se fue con el estilista. Nunca nadie le ha visto el cabello creciendo con un color distinto y aquel día no iba a ser la primera vez.

En cambio, con mi padre sí la hubo y no había nada que me indicara que sería la última. La vida se sucedía con sus horas y semanas y sus meses; aquella rutina sólo podía romperse con la muerte de uno de los dos, pero tanto él como yo seguíamos existiendo. La vida es terca y el tiempo pasa con lentitud pasmosa cuando alguien usa tu mano para eyacular. Un instinto bovino me arrastró a actuar de forma normal a la vista de otros, de un día hasta el siguiente, realizando actividades básicas, como bañarme, comer, ir a la escuela. Cuando él se masturbaba con mi mano, yo pretendía dormir. Nunca se me ocurrió hacer otra cosa. A los ocho años, el miedo congela. A lo mejor por eso él creyó que era seguro ir más allá y comenzó a levantar la sábana mientras yo apretaba un osito de peluche entre mis piernas. Desde luego no era la mejor barrera porque él entraba en mí de todas formas.

Recuerdo su respiración de fumador en mi oído como un ronroneo que nunca se iba. Los minutos se alargaban, el dolor me hacía cerrar los ojos con fuerza y era entonces cuando deseaba su muerte. O la mía, pero jamás tuve el valor para suicidarme. Mi fantasía era morirme cuando mis padres estuvieran de viaje, para que encontraran el cuerpo ya bastante descompuesto al llegar. El olor impregnaría los muebles y la única opción sería deshacerse de la alfombra. Un cadáver ya no es asunto del que alguna vez habitó en él.

Permiso, por favor.

Después de unos segundos, Pepita se movió para darme el paso. Me colgué la mochila en la espalda y tomé la bolsa de basura para dejarla en los botes comunales al salir. No le di las gracias ni ella a mí. Para ella y para muchos otros, yo no era más que una hija ingrata. El fruto de una sociedad donde ya no había valores. Una mujer que pertenecía a una generación egoísta y superficial. Mi actitud le provocaba la misma repulsión que a mí el hedor de la bocina del teléfono de su casa, una concentración de su aliento podrido a lo largo de los años.

Le voy a decir a mis hijos que busquen otra persona que me ayude.

Sí.

No había ira en sus ojos, sólo una especie de cautela. Tal vez incluso había una cierta esperanza de que ante la amenaza de perder mi trabajo yo pudiera recapacitar con respecto a mi padre. La cara de la anciana no se asentaba en ninguna expresión, sino que se sostenía como en el aire, tentativamente ambigua. Supongo que sufría un miedo extrapolado de que sus hijos reaccionaran de la misma forma ante su propia muerte. La pobre no tenía idea.

Los gatos se frotaron contra mis piernas y maullaron como cuando tienen hambre. Ya no tendría que oírlos. Podría volver a respirar sin cuidarme de sus pelos. No volvería a esa casa que apestaba a orines felinos y humanos. Sonreí. Todo mi rostro se contrajo en una sonrisa. Luego salí de la casa y el silencio de la oscuridad me envolvió en seguida. Tiré la bolsa de plástico junto con la lista de los víveres, y comencé a caminar por las banquetas húmedas. El granizo acumulado en las orillas ya se estaba derritiendo. La ciudad se veía igual que siempre, pero ese día no me hizo sentirme hueca, como suele hacer. Más bien fue como andar por en un campo de fresas, al fin, con el corazón hecho un puño de paz.

Un hueco en el océano

¿A los pescados les duele el ganchito?

Maya se mete el dedo índice en la boca, echa la cabeza para atrás y hace un ademán de jalar hacia arriba. Alberto, con delantal y las manos sucias, se vuelve a mirarla. Ahora ella tiene las mejillas sumidas, la boca con los labios fruncidos hacia el frente, y las manos pegadas a sus oídos, moviéndolas como si fueran agallas. Fue él mismo quien le enseñó a hacer eso, hace una semana, cuando le mencionó que iría a pescar con unos amigos. Desde entonces, la niña se ha aficionado a realizar la imitación de un pez a la menor provocación.

Se llama anzuelo, dice.

¿Les duele?

Maya hace preguntas con la misma ansiedad de quien espera el peor diagnóstico, como si su vida dependiera de la respuesta.

Sí, pero les duele más esto.

Alberto corta el vientre de un bagre y mete la mano para sacar las vísceras. Ella observa extasiada la sustancia viscosa que chorrea sobre la piel de Alberto. Tiene la boca abierta y su lengua enorme descansa sobre el labio inferior. En ese momento Moira entra cargada con bolsas de las compras.

No le digas esas cosas. La impresionas.

Pero los peces sufren. ¿Quieres que le mienta?

Moira comienza a acomodar unas latas en la alacena.

Una vez más ha brincado hasta sus ojos esa mirada llena de confusión y de miedo que invariablemente surge cuando se encuentra ante un dilema materno. Aunque no le gusta mentir, algo le impide soltarle el mundo y sus realidades encima a su hija: es demasiado para ella, pero sabe que tendrá que ajustarse, como todos.

Maya se ha acercado y juega a mover una bolsa de fideos rítmicamente. Sus ojos son del color de un té cargado y, aunque apenas va a cumplir diez años, tiene la vista muy deteriorada. Usa lentes del estilo de una secretaria de los años setenta, con las orillas superiores en punta. Alberto la peinó con un par de coletas. Moira le acomoda la blusa para cubrir los tirantes del sostén que comenzó a utilizar desde hace unos meses. El desarrollo del cuerpo de Maya es algo que Moira nunca contempló y que ahora le aterra.

Alberto termina de limpiar los pescados y los guarda en el congelador. Se lava las manos y enciende la televisión. Maya corre y le da un beso en la mejilla. Luego se acurruca junto a él y pide que le pongan el disco de la Abeja Maya. Él consiguió una copia pirata muy aceptable en el centro y Maya mira los episodios rigurosamente todos los días. El saber que una abeja lleva su mismo nombre le provoca una fascinación total. Ella es la abeja Maya. Un día le crecerán las alas, está segura. Después de cada episodio, invariablemente, sale al jardín en una búsqueda obsesiva de los insectos de la pantalla.

¿No hacemos una linda familia?, le grita Alberto desde la salita de tevé.

Moira se acerca y le dice en voz baja:

Ustedes dos se ven adorables, pero si me voy a casar, quiero que mi esposo me pueda sacar un orgasmo de vez en cuando.

Lo que Maya necesita es un padre. Lo demás te lo buscas por tu lado.

Del suyo, Moira recuerda cómo se veía la parte de atrás de su cabeza, cuando estaba leyendo. El cabello marrón que se perdía en los músculos tensos del cuello. Sus orejas hermosas y plegadas al cráneo. Estaba prohibido hablarle en esos momentos, así que ella se concentraba en mirarlo, en escuchar su respiración, el ocasional carraspeo y el pasar de las páginas. Era el padre ausente que cuando se materializaba ocasionalmente, se ocupaba leyendo. Moira quería ser un libro en alguno de los estantes.

Ésa no es razón para casarse. Y menos contigo.

Auch.

¡Tecla la araña, mala!, grita Maya y acusa a la pantalla con su dedo regordete. ¡Mala!

Después de que Moira se lo presentó a Noelia, ésta le dijo en privado que Alberto le inspiraba desconfianza. Era la combinación de un saludo de mano lánguido con el vello que le cubría la cara. La gente con barba, le dijo, tiene un aire de superioridad, como si el tener pelos en la cara fuera sinónimo de sabiduría. En realidad, Noelia desconfiaba de todos los hombres en general. Pero es *gay*, Alberto es mi amigo *gay*, replicó ella como si eso pudiera apaciguar la suspicacia de Noelia. Ni siquiera llegó a decirle que Alberto le había propuesto casarse entre amigos, porque en ese momento se dieron cuenta de que Maya las escuchaba bajo de la mesa. Tenía etapas en las que le gustaba esconderse en lugares diferentes de la casa y salir en momentos inesperados, a la *jack-in-the-box*. Las dos guardaron silencio, pero la niña ya había salido y daba pequeños brincos de alegría: ¡*hot-cakes!* En sus oídos defectuosos, la palabra *gay* se convirtió en sinónimo de su desayuno favorito.

A pesar de la desaprobación de la amiga de su madre, Alberto *hot-cakes* es un imán para ella. Su presencia en la casa representa una aventura: salir a acampar, a la playa, al cine, a jugar balón al jardín; para la madre, un alivio de sus deberes maternos, que con Maya son especialmente intensos. Moira ni siquiera se siente culpable de soportar su presencia y escuchar sus consejos a cambio de unas cuantas horas para sí misma.

Maya se ha quedado quieta mirando la pantalla por un rato. Alberto se reúne con Moira, que está comiendo cereal mientras lee el periódico.

¿Te molesta si le compro a Maya una pecera?

Si tú la vas a limpiar, no, contesta Moira limpiándose las manos con un trapo con estampado de betabeles en diferentes posiciones.

¿Y qué has pensado?

Que nunca ha estado en mis planes casarme. Ni cuando era una princesita de universidad ni ahora que soy una madre soltera madura.

Maya tampoco estaba en tus planes, pero aquí está, dice Alberto.

Y no importa que me alegre o me arrepienta.

Simplemente sucedió. Un día sintió náuseas y mucho sueño; fue a la farmacia y compró una prueba casera, y un par de horas más tarde experimentaba aquella sensación ambigua de terror y alegría, que, estaba segura, tenía más que ver con las hormonas que con otra cosa. No fue algo que planeara, pero Moira tampoco hizo nada por impedirlo. El padre biológico de Maya la había dejado para volver con su esposa. Moira albergaba la esperanza oscura de que el embarazo lo retuviera. Pero él no quiso ni ver a la bebé. Ni siquiera tuvo la decencia de romper la relación con ella. Tampoco supo que la hija que engendró nació con síndrome de Down.

Tenemos casi cuarenta. Esto no se va a poner mejor, dice Alberto.

Moira se vuelve para observar a la niña desde su lugar. La cara de Maya es una de las tantas versiones de ella misma. En alguna parte de ese cuerpo con un cromosoma extra, está la esencia de Moira: un timbre parecido en la voz, una cierta forma de ladear la cabeza. Hubo tanto que pudo hacer, ahora que mira su vida en retrospectiva. Pudo haber averiguado entre sus conocidas los datos de algún médico abortista. O pudo haber abandonado a la bebé frente a una casa, dentro de una canasta. Incluso pudo haber pasado la responsabilidad a su madre, como hacen muchas, y luego fingir una depresión que no le permitía hacer otra cosa que dormir durante todo el día. Pero por alguna extraña razón decidió hacer lo correcto. Y ahora el ímpetu o las buenas intenciones, como los propósitos de Año Nuevo a principios de marzo, se habían perdido. Moira sabe que debería dedicarse a esa niña con la misma energía frontal con la que hace años buscaba a un hombre que la amara, y sin embargo, se encuentra muy a menudo anhelando que Maya no exista.

¿Esto no se va a poner mejor? Qué poca alentadora tu propuesta.

Moira comienza a toser. Alberto le acerca un vaso de agua y mira a otra parte con discreción mientras el ataque de tos pasa.

También puedo cuidar de ti cuando seas una anciana con enfisema, le dice.

Moira siente una oleada de odio muy fuerte, una corriente eléctrica atravesándole las vértebras. El paso del tiempo es algo de lo que no quiere hablar jamás. Cuando nació Maya, un doctor le dijo que su vida iba a ser breve. Muy feliz, pero corta, le aseguró. Fisiológicamente este tipo de niños vienen con muchos problemas, dijo, como si Maya fuera parte de un lote defectuoso de cafeteras. Pero tienen una fuerte inclinación hacia la felicidad. Y en verdad es una niña feliz, capaz de encontrar la belleza en un caracol o hasta en una sombra en la pared.

Fue ese médico, precisamente, el que le dio una tarjeta con los datos de un grupo de apoyo para familiares de niños Down. Era a la vez funcional y catártico. Los integrantes intercambiaban experiencias, angustias, dudas, terapeutas, consejos. Todos comían y lloraban juntos mientras trataban de convencerse mutuamente que un niño con retraso mental era en realidad una bendición disfrazada. O una prueba de Dios que los haría más fuertes. Unas madres incluso llegaban a afirmar que si pudieran volver a vivir, pedirían tener un niño Down otra vez.

Moira no podía entenderlo y estar en el grupo se volvió una tortura a la que ella misma se forzaba a ir. Pero fue allí donde conoció a Alberto: su hermano había muerto hace años, pero él seguía asistiendo al grupo. Y en cuanto a ella, ya había pasado una década y la niña seguía a su lado. ¿Cuánto tiempo era una vida breve? El vaso medio lleno, el vaso medio vacío, todo depende. Sólo la peor de las madres se preguntaría a sí misma cuándo morirá su hija. Cuándo volverá a ser libre: de ella, del hombre que deseaba ser el padre, de todo lo que no había podido ser. Es la peor. La niña la adora y Moira no lo soporta porque sabe que no está hecha del material de los dioses. Es de puro barro.

Alberto se despide de ella con un beso en el aire y promete pasar a ver a Maya al mediodía.

Poco antes de la hora de comer, Alberto abre con la llave que Moira guarda bajo la maceta del cactus. Lleva bajo el brazo una pecera mediana y en la mano una bolsa con varios peces dorados. Encuentra a Maya dormida frente al televisor y sobre la mesa, un sobre grande, y un *post-it* rosado encima: "Papeles de Maya, contrato arrendamiento, mis razones". En un sobre más pequeño, con la letra desarticulada de Moira, en sólo cuatro palabras: *Cuida mucho a Maya.*

Alberto está a punto de dejar caer la pecera, pero logra colocarla sobre la mesa después de un largo titubeo. El golpe despierta a Maya, que camina adormilada hasta donde está él. No lleva puestos sus lentes: aprieta los ojos y tiene que acercarse mucho a la bolsa de plástico para darse cuenta de que tiene unos peces dentro. Entonces se pone a dar vueltas en círculo, con los brazos extendidos, gorjeando de felicidad. Antes de lanzarse sobre él para besarlo, convierte sus labios en boca de pez.

La cebolla de cristal

El bar estaba a una distancia caminable desde su casa. En el camino vio a un niño con parálisis cerebral en su silla de ruedas, enfundado en un conjunto deportivo. Seguramente era demasiado caluroso para un día como ése, con el cielo desnudo de nubes. No era la primera vez que Moira lo veía: siempre lo sacaban a la misma hora a tomar el sol como si fuera un reptil, así, congelado en una pose que se antojaba dolorosa. Alguna vez leyó que muchos de esos niños no tenían ningún retraso: era sólo su cuerpo el que les negaba una existencia normal. En cambio, Maya era móvil, pero impulsiva, torpe y de pensamientos simples. Apretó el paso, mirando fijamente a la banqueta y se alejó de aquella estatua babeante.

Moira nunca estuvo antes en *La Cebolla de Cristal;* sólo había visto el letrero de neón emulando la silueta de una cebolla, cuando llevaba a su niña a terapia de lenguaje. En aquel momento, el lugar le apetecía como lo mejor del mundo. Tal vez podría cobijarse del pasado reciente y olvidarse de lo que vendría después. Abrió la puerta y el fresco del interior le golpeó la cara. Había caminado más rápido de lo normal sin aflojar el paso hasta llegar al bar y ahora tenía la piel enrojecida y caliente. Adentro, la voz quebrada de Bonnie Tyler inundaba el lugar con *It's a heartache.* Los ojos de Moira tardaron un poco en acostumbrarse a la penumbra; sólo entonces pudo distinguir a una chica con cabello pinta-do de rubio que le preguntó si esperaba a alguien. Tenía cara de fastidio y una sonrisa temporal que desaparecía en cuanto terminaba de hablar. Moira dijo que no y la morena se limitó a conducirla en silencio hasta un lugar libre.

La barra era una especie de herradura con un gran espejo de fondo y varias pantallas planas en la parte superior que reproducían en silencio un partido de futbol, una pelea de box y una carrera de la Fórmula Uno. Dentro de aquella curva varios jóvenes con delantales negros preparaban bebidas y entregaban cervezas con un entusiasmo pagado por hora. Moira subió a una silla alta sintiéndose demasiado consciente de sí misma.

Por la mañana había tomado un baño pensando que aquel día sería común y corriente como todos los otros desde que una enfermera le depositó a su hija en los brazos. Se puso una playera cualquiera, vaqueros, y se recogió el cabello en una coleta. Nada de maquillaje ni zapatos lindos. En realidad no era nada particular: el impulso de arreglarse lo había perdido cuando supo de la condición del bebé: dejó de ser la de siempre para convertirse en algo que no era ella. Estaba segura de que en cualquier momento su cuerpo comenzaría a transformarse en el de una morsa y no tendría otra opción más que meterse en esos pantalones de mezclilla con elástico que usan las madres gordas, las que han dado de sí. En realidad no pensó nunca en los aspectos prácticos del abandono, sólo en dejar la nota, unos papeles legales, y en salirse con lo puesto. Ahora que varios hombres la observaban desde otras posiciones de la barra, se preguntó cómo se veía alguien que recién lo abandonó todo a través de otros ojos.

Un *barman* de ojos verdosos y que podría ser su hijo si ella hubiera sido una madre adolescente, preguntó si quería algo. La miró de una manera que la incomodó. Era el tipo de mirada que una persona le dedica a otra cuando va a revelarle algo muy importante. O cuando hay una proporción mujer-hombre de 2 a 20, más o menos, y una va sin pareja, visiblemente rota. Moira pidió un daikirí de mango: necesitaba algo dulce a esas alturas de la tarde. Luego condujo sus ojos hacia cualquier otra parte del bar.

Un par de lugares a su derecha estaba una mujer joven más desaliñada que ella. Tenía un tatuaje color cereza de la jarrita de Kool-Aid en el brazo, las uñas y labios pintados de negro, y el cabello oscuro y lacio, no muy corto, pero tampoco lo suficientemente largo como para recogerlo en la nuca por completo. Ni siquiera un broche. Dibujaba concentrada en un cuaderno, dejando que su tarro de cerveza se entibiara. Moira se inclinó un poco hacia adelante para mirar lo que hacía: eran elfos. El *barman* le puso enfrente la bebida que ordenó y ella tuvo que dejar de mirar los trazos a tinta azul para musitar un gracias. Irguió la espalda y puso el popote entre sus labios, succionando hasta que comenzó a sentirse mareada por el frío.

Hace tiempo, cuando vieron una de las películas del *El señor de los anillos,* Maya había quedado cautivada con las orejas puntiagudas de los elfos y con los cuerpos robustos de los enanos. Se parecen a mí, pero en diferente, había dicho. Días después comenzó a bosquejar malos intentos de los personajes en su libreta, coloreados torpemente con crayones gruesos. Moira se vio obligada a colgar los dibujos con imanes en la puerta del refrigerador, como hacían las otras madres que encontraban maravillosos a sus hijos y que coleccionaban absolutamente cualquier cosa que hubiera estado en contacto con sus manitas.

Después del tercer daikirí y de pretender mirar un juego de *soccer* en el que los jugadores se desplazaban como hormigas sobre el fondo verde, Moira sacó un cigarrillo de su bolsa antes de recapacitar en que ya no se podía fumar en ningún lado. Fue cuando volvía a guardarlo que un hombre vino a sentarse junto a ella. No era de los que habían comenzado a mirarla desde otros puntos de la barra, intentando hacer contacto visual para luego mostrarle una sonrisa. Éste hombre se materializó desde algún otro lugar. Acunaba entre sus dos manos una botella de cerveza y cuando habló, lo hizo mirando al frente, como si no se dirigiera a nadie en particular.

Sentirse sola es una enfermedad de las mujeres, dijo con acento que ella no pudo catalogar del todo. Era una mezcla de colombiano, chileno o argentino. Transmitía además una tranquilidad que la inquietó de una forma que no supo explicarse. En cualquier caso, la otredad de la voz la tomó por sorpresa.

Sí, Moira se escuchó a sí misma coincidiendo con el extraño de junto. Giró un poco la cabeza y lo vio de perfil. Tenía las patillas largas y el cabello negro, negrísimo; la piel color canela claro, y una nariz afilada que a ella le recordó las ilustraciones de Quentin Blake en un libro de su hija. Perfecto, pensó: un tipo de nariz hermosa me viene a recordar lo sola que estoy. Se terminó el daikirí y pidió una cerveza.

Después del primer trago sintió que lloraría en cualquier momento. Miró hacia abajo, por entre sus piernas, concentrándose en el piso. Tensó los músculos para mantenerse quieta y evitar el temblor que precede al llanto. Se sintió observaba por él: eso la llenó de una vergüenza punzante sobre la piel.

Una vez que empiezas a caer, parece que nada puede detenerte.

Otra vez el acento sudamericano, pero más cerca de ella. Luego una mano sobre su antebrazo. Moira sintió el contraste entre la tibieza que ejercía aquella otra piel sobre la suya, y el frío en la superficie que aquella palma no alcanzaba a cubrir. Se fijó en aquellos dedos con uñas cortas y cutículas perfectas. En la fina capa de vellos sobre el dorso. No pudo sino dejarse llevar por la sugerencia de sentarse en uno de los gabinetes, para estar tranquilos.

Sí, como Ícaro, dijo Moira muy quedo mientras él transportaba las cervezas de la barra hasta la mesa.

Tal vez ésta era la razón por la que había llegado hasta allí. No estaba ante una disyuntiva, como la que se planteó antes de dejarlo todo. Esa parte fue la más fácil, hasta cierto punto. Escoger entre la continuidad o lo abrupto del cambio. Ahora el camino se desdibujaba y la niebla cubría todo lo demás y era imposible saber. *La Cebolla de Cristal* sería un visor de claridad. Y lo que veía ahora era ese extranjero de alguna parte del sur. Moira sonrió. La luz era mucho más tenue en aquella sección del bar. Su edad se diluyó en la penumbra al tiempo que lo amargo de la cerveza se extendía por su lengua. Comenzaba a sentir el dulce mareo del alcohol. Se fijó que él tenía los labios muy finos y una arracada muy pequeña en el lóbulo de la oreja. Su rostro era tan simétrico que le provocó una punzada de ternura en alguna parte del pecho.

La siguiente ronda la pagó él y Moira se sintió como esas feministas que odian a los hombres, pero que se detienen impacientes frente a una puerta esperando que sea un XX quien la abra por ellas. Cuando él le dijo cómo se llamaba y le extendió la mano, ella la tomó entre las suyas como quien captura un insecto. Acarició ligeramente una pulsera de estambre que él llevaba, y luego pronunció un nombre que no era el suyo. Hay veces en las que uno tiene que mentir.

Hace años, el hombre casado que omitió decirle su estado civil fue el primero en hacerlo. Era un escritor que no escribía, lleno como estaba de ideas y frustraciones comunistas, secretamente enamorado de la música y literatura norteamericanas. El que la llamaba "mi burguesita" antes de desnudarla en un motel, el que narraba pequeñas historias en las que ella la protagonista. El mismo que anotaba su peso decreciente en una libreta, y respondía a la pregunta de Moira sobre sí había desayunado con un "sólo té verde y cigarrillos"; para que ella lo arrastrara hasta un restaurante clasemediero, como decía él con desprecio. Ella lo miraba extasiada partir una milanesa, engullir chícharos y puré de papas con una desesperación contenida, y sentía llenarse de amor por él.

La verdad sobre el matrimonio del hombre de su vida fue como un huevo que alguien rompió sobre su cráneo, sorpresivamente y por la espalda. Limpiarse no iba a pegar el cascarón, pero ella iba a intentar vivir con eso. Varias semanas más tarde vino la otra revelación, la de que iba a volver con su mujer. Para entonces Moira, toda ella, había comenzado a apestar. Fue en ese paréntesis de tiempo que se vio forzada a mentir como un método de supervivencia. Las lágrimas, los ruegos, las amenazas nada sutiles de que podría hacerse daño a sí misma, nada de eso funcionó. Por eso tuvo que dejar las pastillas el mismo día en que se enteró de la existencia de la esposa. Omitió decírselo con el rigor del ojo por ojo y el diente por diente. Para cuando él se decidió a salvar su matrimonio, ya había fornicado varias veces con el cuerpo y los óvulos liberados de Moira, con la urgencia de saber que serían las últimas. Después vino el fruto de las mentiras de los dos: Maya. ¿Y de qué sirve mentir si el otro no se percibe como engañado?

Moira miró al hombre que tenía enfrente y no pudo recordar cómo se llamaba. No iba a preguntarle: sería como admitir una falta de interés que en realidad era una incapacidad de concentrarse. Después le vino de pronto, como si su cerebro siguiera al tanto de las cosas, a pesar de ella misma. Se llamaba Baldomero.

Baldomero, dijo en voz alta.

Significa "valiente", dijo él. Después de darle un largo trago a su cerveza, añadió que sólo alguien así podría haberse atrevido a abordar a alguien como ella.

Gracias, musitó Moira.

Todo lo que deseaba en ese momento era tomar ese cabello oscuro, ondulado y denso entre sus dedos. Quería abrazar aquel cuerpo con todas sus fuerzas porque era un desconocido. Porque todo en él era un misterio. Porque tenía el potencial de serlo todo.

La conversación se transformó en aquella entrevista velada que las personas se hacen las unas a las otras antes de tocarse. La falsa ilusión de saber. Sin pensarlo, a Moira se le escapó de los labios la pregunta que no le hizo al otro.

¿Eres casado?

Él estuvo a punto de derramar la cerveza por un absceso de risa. Nunca le habían preguntado eso por delante, dijo. Luego le aseguró que no, que de otra forma no estaría sentado con una mujer tan hermosa. La curiosidad era recíproca.

¿Y vos?

Separada, dijo ella con la voz intacta.

Hay veces en las que uno tiene que mentir. Era claro que ella era mayor que él por al menos unos diez años, o tal vez más. El tendría apenas veintitantos; poseía esa belleza propia de la juventud y que es imperceptible para quien la ostenta; en cambio, Moira ya llevaba un tiempo de navegar los treinta, de esconder la cicatriz de la cesárea en su bajo vientre, de conciliarse con las arrugas que la asaltaban cada vez que intentaba sonreír. La angustia que la proximidad a la cuarta década se sentía como una hernia. Cómo ser soltera a esta edad; una relación fracasada era preferible.

¿Hijos?

No, dijo Moira y los músculos de su cara se contrajeron dolorosamente como su útero en los días siguientes al nacimiento de Maya. Hay veces en las que uno tiene que mentir; hay otras, sin embargo, en las que uno tiene que apilar una mentira sobre otra. Bajó la vista sintiendo un ardor en toda su piel. Se excusó con aquel hombre que la miraba con una ternura extraña y se dirigió al baño de mujeres, un pequeño cuarto de azulejos rosa, con un lavabo lleno de cabellos y un par de excusados. Examinó su reflejo: ya no era tan joven, no encontró esa mirada desafiante de antes. Tenía los ojos enrojecidos, la barbilla temblándole de una forma patética. Tocó el celular adentro del bolsillo de sus vaqueros. Era cosa de hacer una llamada y volver, deshacer todas esas horas del día. Alegar locura temporal. Pero se lavó con agua fría y se quedó mirando la forma en la que su cabello le cubría la mitad del rostro.

Moira no supo por cuánto tiempo estuvo así. De pronto la asaltó la certeza de que cuando saliera del baño encontraría la mesa vacía. Abandonada en aquel su primer día después de su abandono. Consideró encerrarse en uno de los cubículos y sentarse a llorar sobre el retrete, pero en algún momento habría de tomar la decisión de a dónde ir. El personal del bar la obligaría a ponerse de pie para escoltarla hasta la calle. La loca del baño, dirían los empleados exhaustos y ansiosos de terminar su turno para irse a casa.

Por eso se sorprendió tanto al ver a Baldomero allí, esperándola paciente, jugando a mover sus dedos despacio como si fuera una especie de mimo. Él sonrió en cuanto la vio aparecer y se puso de pie. Moira sorbió un poco la nariz y se presionó sus párpados con los dedos, concentrándose para no soltar el llanto, conmovida como estaba por este acto de... ni siquiera sabía cómo llamarlo..., por este acto de simplemente estar.

Lía, ¿quieres que nos vayamos?, preguntó y por un momento Moira no supo a quién se dirigía. Luego se acordó del nombre falso que había dado hace rato y asintió un poco humillada, como si fuera una niña pequeña que recibe una nalgada en público. Más tarde tendría que editarse frente a él. Y preguntarle por ese acento tan lindo con el que hablaba.

¿A dónde?, dijo Baldomero tomándola del brazo con suavidad.

Lo que Moira contestó fue:

Vamos a tu casa.

Pero lo que en realidad quiso decir era:

No me dejes, no pases de largo, por favor.

DON'T PASS ME BY

English translation by Michael Parker-Stainback

Content

Lucio in the Sky, No Flash

I learned of Lucio's death from Henry Morgan, his best friend and our high school classmate. He sent a text to my mobile phone early in the day; I was biting into a piece of toast with peanut butter and debating if I should dunk it in my coffee or do the polite thing. The phone rang like glass breaking. Every time I heard it, in my mind I saw a stone wrapped in a note fly through the window. With my free hand, I pressed the button and read. Just six words: *What do you know about Lucio?* Amused and not wanting to dirty my phone, I began texting with one finger: He's super skinny, he's a photographer, and he traded in his old friends for the charms of New York. I laughed and continued eating my breakfast.

Though it has been years since we've seen one another, Henry and I have always stayed in touch. At least at important times. In school we called him "the pirate," but always behind his back. We were teenagers and we thought it was hilarious that his parents had given him that name: he, the shy, skinny kid who wouldn't kill a goldfish in his own defense. It never occurred to us that Henry was a common enough name and that Morgan was simply his father's last name. I always used to bother him by saying that Lucio was only friends with him because of his foreign surname. If you were named Enrique Martínez he wouldn't bother speaking to you. But he would take out his sword and make me walk the plank: And if you weren't a redhead, Lucio wouldn't even look at you. *Touché.*

But *whatdoyouknowaboutlucio* was neither a hypothetical question nor an invitation to play around. The second bombshell gave me a hint: *I can't tell you in a text. Call me.*

Everybody knows that death is something you can't announce in a text. It's a relief that some people still have manners. Anyway, before he answered my call, I knew Lucio had died. Only Henry didn't put it that way. With that husky voice of his, the very antithesis of his body, he said: Noelia, I'm really sorry. *Lucio falleció*–he passed away.

The first definition of *fallecer*–according to my Larousse abridged dictionary–is to "reach the end of one's life." The Pirate was letting me know that Lucio had reached the end of his life. If our existence were a race, he'd have reached the finish line at this point. I pictured him dressed as an athlete popping through a plastic ribbon, making wide strides to slow down with his arms up as a sign of triumph. That didn't sound so bad, right? Fucking euphemisms.

In the days of Lucio and me–that were never ours–the Pirate and I hung out together strictly because of circumstances. I was the girl his friend was sleeping with on the sly and he was Lucio's friend whom I needed to put up with if I wanted our Fridays at the motel to continue. It was a triangular secret, an uncomfortable and convenient situation for all three, I suppose. When Lucio walked out of our lives, Henry Morgan and I discovered that we had more in common than just some photographer's absence. I realized that in fact the Pirate was a great guy and that the two of us, in our way, were part of Lucio Dunn's hidden, shameful life.

How did it happen?

The calm way I was speaking about it managed to alarm me. I always thought that when I was told about the death of someone close I would react more dramatically. But hearing myself was proof that I knew this was going to happen sooner or later. I could have done more for the denial stage. People always deny death. It can't be. Lucio isn't dead. Nooooooooo! Something like that. But I didn't do it; I took the Pirate's news at face value and all I wanted to know was how it happened. The mechanics of the event. Nothing more.

I'm not so sure, Henry said. His voice left an impression of calm but there was something that trembled at the end of every sentence. I found out from someone else. They found him in his apartment after several days. He stopped and then gulped for a second or two. Could be suicide.

I clutched the receiver and said nothing. What a motherfucker. What about all those glamorous friends? Couldn't he have let us hear from him? He had the perfect life. He'd made a name for himself in fashion, and it gave him the freedom to do art photography and get shows at this or that high-end gallery. At least that's what it looked like to judge by the occasional postcards he'd send by old-fashioned mail. Some high fashion models with too much make-up, gaunt and half-naked; others were invites to collective shows where Lucio's name appeared. At that moment, I hated him intensely and the awareness of feeling hate for someone I had loved so much seized every joint in my body. I couldn't move. I was frozen.

Noelia, are you okay?

The Pirate's voice on the other end of the line struck me as very sweet. I was sorry we lived in different cities: I'd have liked to hug him. Kiss him. Celebrate that we were alive in spite of Lucio's betrayals. Because that's what killing himself was. A pure, clean fuck-over, aimed directly at the genitals of our symbiosis. A violation of all the rules.

Yeah, I'm okay. I'm not the one who died.

Right, he admitted.

When was the last time you saw him, Henry?

More than ten years ago.

He didn't want to be specific. If he'd said sixteen years we would only have felt older and would have lost the pretty round-number-ness of a decade. Ultimately, it didn't matter if it was ten, or sixteen, or twenty. I'm certain that even if Lucio were still alive, we still weren't going to see him again. I knew it when he announced to Henry and me that he was going to the United States to study photography. It's a really prestigious art school, he told us repeatedly. This or that photographer was a graduate, this or that photographer was on the faculty. Lucio's dark eyes shined. That was weird for him—normally he sustained himself with gestures of perpetual frustration. It was as if walking around our city made him sick, as if being Mexican was a wart on the end of his nose. His great shame. But now he'd gotten news that a surgeon was going to cut it off. He was going to leave us behind and this was a source of great happiness to him. His dad was a gringo and his mother was Mexican, but he was born here. He never forgave his mother, I imagine. In his true homeland, where he only used his paternal surname, he could finally be himself. Later, I found out he stopped using his first name and just began to use the first initial followed by a diminutive, and thus went from Lucio to photographer Eli Dunn. But on that day, years ago, he was still Lucio to us. He had a beer and he asked us to drink to him. We were on the beach, happy because we'd graduated from high school. The Pirate not only lifted his bottle and clinked it against Lucio's; he stood up and hugged him. I'm not so noble. I looked away, sucked on my straw with all my might till I finished my piña colada and went into the surf.

His birthday was three months ago, I said as I watched my bread float around in my coffee. The peanut butter oil spread out in little brownish jellyfish.

Yeah. He turned thirty-three. I heard Henry sigh on the other end of the line.

Christ died at thirty-three. I couldn't help saying it. My friend remained silent so I went on. John Belushi, too. Silence. Eva Perón. Silence. And Chris Farley. More silence. Are you there, Henry?

Yes. It's not funny.

You're right—it's not. It's just a coincidence.

The way that Lucio and I began to go out was also a kind of coincidence. He belonged to an elite clique at school. They all lived in the same neighborhood; they'd been together since kindergarten at the Colegio Americano and they strode the halls with the certainty that everything was theirs. They were like Lucio: well-born, with small, turned-up noses; white, orthodontically aligned teeth; sandy hair and perfect accents when they spoke English. They only thing they didn't have were worries about their already determined futures. Henry Morgan and I, on the other hand, were part of everybody else. Everybody else was an amorphous lot, where chubbiness and brown skin and slightly whacked teeth blended equally. We didn't have our own cars, our parents dropped us off mornings at school, or we got there on public transportation. In my group, the clothes weren't designer labels, nor the latest styles; we all came from middle-class private schools or even from the public system. I was even part of the sub-group lucky enough to get a scholarship. I was nothing more than some stranger that unwittingly ends up in the picture.

So, I didn't have any fantasies that there was anything between us apart from being on the same team in physics class. The professor had had the enlightened idea of forcing the *jeunesse dorée* and the proletariat together. So, one fine day, I had to put my lab bench next to Lucio's and put together a joint project. Naturally enough, it was nice to work with someone so good-looking, and far from stupid, for a change. He smelt of an expensive cologne whose name I did not know. Against the light, you could take in the fine hairs that covered his skin; in profile he was simply beautiful. You couldn't not think in clichés: his hair was like spun gold. But my appreciation might as well have been those of any other schoolgirl before an impossible catch. So, I was blown away when he asked to see me outside school. I need help with history, he confessed. And then there was that dimpled smile as he wrote his address on my notebook. That didn't surprise me. Like the golden boy he was, he was accustomed to getting what he wanted.

His house was big and the fact that his parents weren't there was as dazzling as the marble floors. We went upstairs to his room. It was carpeted and he had electronic equipment I didn't even know existed. He took off his shoes and before going out he told me to get comfortable. I left my history book on the bed, took off my shoes, and sat on the carpet. Lucio returned with two imported beers and offered one to me. He turned on the television and switched to MTV–the 1990 MTV, with music. There wasn't too much chat before the kissing started. We felt each other up as much as is humanly possibly while leaving your clothes on.

But a woman's voice called him from the stairs. Lucio stood up and smoothed out his shirt, then shot me that facial expression of his with his upper lip lifted slightly to the left.

Over the months, when I learned to read him better, I discovered it was a friendly gesture. Lucio's cheeks were flushed and his hair mussed, but it didn't seem to worry him that his mother had come home. A mere technical glitch. Tomorrow we can study again, but maybe somewhere else, he said.

What was the last you knew of him? Henry asked.

Staying on the line seemed to be the sensible thing just then. Cutting off the conversation would mean having to take up our lives within a new reality: a world without Lucio. Deep down we knew that even though his being dead and never seeing him again were not the same thing: the gears of normality were still intact.

That he'd gone gay. Well, that he'd finally come out, I said, as I opened the refrigerator. Suddenly, I was hungry but nothing appealed to me.

Yeah, I found that out through you. The Pirate's tone had an air of resentment.

I always thought he'd stayed in touch with you longer. You were the *friend*, I accused. All he did was use me. I regretted saying that at once. Not only because it sounded like something a soap opera actress would say, but because it made plain that I was the angry one.

You know that's not true.

Henry, please tell me we're not still vying for his attention. He's gone, I said.

I found some roast chicken leftovers and pulled out a leg, biting into the chilly flesh. I looked out a window, beyond the cactus that decorated it, and beyond the neighbor's house. Sunlight, laundry on the line, a dog panting beneath a weak shadow cast by a flowerpot.

You don't have to deny you were closer to him, he said in a softer tone.

The closest one to him. The Pirate ought to have been a nighttime radio personality, the kind that psychoanalyzes listeners who can't sleep. I opened the window and tossed the bone to the dog. I swear that his face lit up, if such a thing were possible. He got up, tail wagging, and soon enough I heard his jaws happily crunching the bone. I wished my life were as simple. Assuage hunger. Sleep in the shadows, drink when I was thirsty.

Henry Morgan thought I was closer to Lucio because every Friday when school let out we'd go to a hot-pillow motel that was at walkable distance from the school. But a boy like Lucio hadn't been born to hoof it, so we always went in his car. Henry's job was to stay home and be Lucio's alibi. Fridays he always watched a movie with him, or they worked on some project or listened to music together. It was essential that no one would think he was with me. I knew it and I always knew it and I accepted it that way. I guess my dignity was nothing compared to what I felt for him. I also know that the Pirate never had to give up any good plans to help his buddy out. Meanwhile, Lucio and I would load up on juice, beer, snacks and chocolate and go into the motel. The backpacks stayed in the trunk. First we'd fuck, then we'd eat, naked, watching TV. We'd talk about some assignment or gossip about this or that classmate; we'd imagine things about the strictest teachers. We would have sex in a familiar way, like one of those nice married couples who touch without realizing it when they talk. Later we'd have another round of sex and finally he would fall asleep as I caressed his back. I'd run my hand across his vertebrae and take a U-turn near his coccyx; then my hands would retrace the path. His skin was so soft it made me feel like mine was an elephant's. His profile, eyes closed, the dark eyelashes, and the blond locks that fell across the better part of his face. His tenuous breathing. Shoulder blades like something that could have become wings. So slim.

Henry thinks that because of this I was closer to Lucio. But as I'd look at him that way, sleeping as I caressed him, an emptiness would overcome me. It took my breath away. It was painful to look at him because at no other moment was it clearer that we would never be together. When he'd wake, we'd get dressed quickly; he'd help me pick up the trash and we'd put it into the car without saying anything. He'd drop me off at the bus stop, because it was late and he needed to get home. When he'd open his eyes, he was someone else. Or rather, he became himself again, the one who sat at the other extreme of the classroom, with his set. Years later, the distance would become silence and our physical relationship would cease to exist, because once Lucio went to study in the United States, he started going out with guys. So, in any case, I was the most distant one. But the Pirate wasn't going to understand that.

After a moment of silence, Henry decided it would be a good idea to hang up, what with long distance charges and all. He said he'd call again later. When I hung up, I stayed seated in the kitchen for a while. I didn't feel like moving. After I don't know how much time, I stood up and went over to a corner where some boxes from my last move were. I didn't think about it; my mind just let my body undertake the task of finding a metal box that once held chocolates amid all this other stuff. Inside there was a framed photo that Lucio had given me on my eighteenth birthday, the last one we spent together.

It depicts an old house typical of the southeastern United States. He took it when he went to visit the university he later attended. There is a tree in front of the building that has these enormous branches. Everything is in black and white, but the shingles on the house's roof are painted green. I'm on one of the branches, seated with my hands just outside either knee, leaning forward slightly. Lucio is standing on a lower branch, smiling, looking up to greet me. Our figures have been carefully cut out and pasted to the other photo. Homemade photomontage and an affront to its original charm. On the obverse, on the cardboard frame, in Lucio's perfect penmanship, an accusation: *So you won't say you have nothing from me.* Then the date, then his signature. I don't remember when he took my picture in that pose. In fact, I don't remember him taking any pictures of me at all.

My telephone rang again. On the other end, Henry Morgan explained that he'd gotten in contact with Lucio's sister, who also lived in New York. He had more information, he said, but he didn't want to be overly graphic.

Be graphic, I said in a flat tone of voice.

The Pirate tried to sum things up as best as he could: he said that they found Lucio a week after he died. The neighbors ended up calling the police because the stench had grown intolerable. He lived alone, shut up in his New York apartment, paranoid, neither answering the phone nor opening the door. He ordered take-out and would spend weeks without taking out the trash for fear that some one would happen upon him. He'd abandoned friends there the same way he abandoned us, the same way he'd abandoned his family. He cut off all ties with the world. Here Henry paused. I don't know if the point was for what he'd just said to sink into my mind or if he just needed to take a breath and swallow. I detected a certain agitation in his voice. Lucio had been shooting meth for years, he said in a different tone of voice. You know what that is, don't you?

I said yes straight away for fear that Henry would launch into an explanatory lecture on the effects of crystal meth.

There was no way to save him from himself, Henry concluded with the biggest cliché in the history of the world.

Thanks, I said, then hung up. Devastated or rude would be the Pirate's possible interpretation. He surely hoped I'd say something.

I brought the photo up to my face and focused on Lucio's image. His gaze took my breath away for a minute. It wasn't the glance of the stuck-up teenager he'd adopted when he'd said goodbye so many years ago, to run far away and never come back. His eyes glanced upward, toward the Noelia I had been on that branch and there was an expression on his face that I had never seen before, a look that belonged to a little boy cornered by an invisible danger. For a split second that camera with its automatic shutter managed to capture that other Lucio that I didn't know either. It struck me that the photo was much older, and that by the time I started going out with Lucio, that gaze had faded forever, like the gray sky above the house, above us.

I sighed and relaxed my muscles, thinking about how self-centered I am. The overdose version instead of the suicide made me feel better. A filter, or natural light, instead of flash, can make all the difference in the same image. Lucio told me that the single time he allowed me to be there in one of his open-air photo sessions. He was photographing a girl who wasn't me. I put the picture back into the metal box. I wasn't in the mood to hang it up that day.

Mister Walrus

There's always something left over from a trip; people sometimes. No one was surprised that after she finished high school, Moira went to the United States to study. After all, she had first-world teeth, a mother who was a Playmate and that strange way of not fitting in here. Moira never spoke of her father, but it's obvious that his absence has filled the better part of her life. Maybe that's why she tends to gravitate to older men.

Through her I met a parade of gents, graying at the temples, who all acted like they owned the air around them. She's let herself get carried away to someplace someone had stolen from her as a girl. It wasn't that she didn't know that a fall was the punishment for those who disobey the laws of gravity; she just had that Icarus-drive inside her. Each successive man-old-enough-to-be-her-father, into the void with whom she would hurl herself, to tremendous coital outcome, always ended up breaking her heart at some point. They were married and at a certain point they had to go home, take gifts to their kids, refocus on work. One or another of them argued that he simply couldn't keep up with her. Her personal *Untergang*, apparently, was youth.

When Moira told me she'd gotten a scholarship to study abroad, we met in an old café downtown where the waitresses were as old as the furniture. The street could be seen through the window, along with every passerby, and they didn't even care that my best friend was about go off to some town in Maine.

Stephen King lives there, she told me, as she dug into some *enchiladas rojas*. She wore the conciliatory smile of someone used to feeling guilty about everything.

I hate Stephen King.

In fact, in that moment I absolutely detested everything that had to do with Moira. Even the light streaming in through the window, illuminating half her handsome face.

I'll write you every day, she promised me.

I signaled to her she had a piece of food in her teeth. She sought it out, abashed, before paying the check. And although she sent me a letter literally every day, I opened none of them. They all reached my mailbox; one by one, I put them on the kitchen table and examined the handwriting, passing my fingers overt the paper; I looked at the image on the stamp and I inhaled the smell of its ink. I organized the letters in chronological order and when I completed a full month, I bound then with a ribbon. Though I never replied even once, Moira never stopped writing me daily. Guilt is stronger than willpower. I didn't let myself think that nostalgia or too much time on her hands was the explanation behind this stream of letters.

I met someone, she announced the first summer she came to visit. We were at an outdoor bar, mid afternoon. In front of us, the fountain with those dogs that vomited water fooled me into thinking that Moira had never left in the first place. I saw her make that expression she always made when she thinks she's found the love of her life—and that happens whenever she goes out with the same person for more than a month.

Her tenacity, or whatever, inspired a wave of sad tenderness in me. I couldn't help being moved by seeing her so hopeful about a different man. If I selected at random any of the letters she'd sent me during the first two semesters, I'm certain I'd find detailed descriptions of a guy who at that point was the most spectacular in the universe. My role–as the best girlfriend or whatever–was to be happy for her. So, I smiled and did what was expected for someone like me.

Really?

Moira nodded several times, beaming, and took a picture out of her purse. It was her, in a tight-fitting black dress, with a man the size of a huge walrus on its hind legs, in a suit, beside her. His hand rested on my friend like a being with a life of his own. But the overall impression of the picture was that he was protecting her. The photo was taken at his office Christmas party, some company that had something to do with computers. I looked at him carefully. He wasn't especially handsome, but he wasn't awful. He needed to lose a few pounds, sure, but on the other hand he was something like six feet tall. And, she repeated, he had a knockout personality. I laughed: no doubt he could knock anyone over, if not out. I got quiet when she told me his age: he was only four years older than Moira and that was a total change from the pattern of her previous relationships. And I could meet this manly specimen in just a couple of hours, because Moira was picking him up at the airport and I was going to take her there.

I replied I'd be delighted to go get him. Did I have any other options? He was the first boyfriend she ever had that didn't qualify for senior citizen discounts, I added. Moira laughed, somewhat hurt, but assured me I was going to adore him. Then she told me she wanted show me something that was worrying her, especially because of her new relationship.

We walked several blocks to her mother's house, an old place she'd inherited from her unmarried sister, that still bore traces of the sister's religiosity: crucifix above the door, a small niche for the latest Virgin, a sticker on the front-facing window that warned: "In This House We Are Catholic." Inside the smell of enclosure and vestiges of cigarette smoke predominated. Everything was in shadow and for a moment I had a childish fear of going in. Inside, Moira's suitcases upset the general order. Even though there was no one else at home, she shut the door to her room, locked it, then turned to look at me.

I remembered all the times as girls we had shut ourselves into a room to read some forbidden book. I guess that, hoping we wouldn't read their indecent-titled spines, my parents would cover the volumes in white paper. Which was a great way for us to spot them on the shelves. *Sex in the Confessional. Informal Chats for Newlyweds*. Almost always translations out of Spain, as foreign a way of speaking as Russian or German. Father, I feel dirty when my husband requests I pleasure him with my mouth. Wives that only serve their husbands chocolate cake, and never bother with variety, are the first to blame when he looks for strawberry tart somewhere else.

Moira pulled something from an upper shelf in her closet. It was an issue of *Playboy*, the American edition, featuring girls from different universities.

All my life I tried not to be like her. Her lips began to tremble like they always did when she was about to cry. And look.

I thought to tell her she was still just a little girl, but she opened the magazine and put it into my hands. I saw my friend in a jersey with her university colors, that barely covered her breasts. She posed with her legs open, her mouth slightly open, as if awaiting something. The fingers of her right hand looked like they were about to touch her pussy lips. Her make-up was perfect, her hair looked spectacular. I didn't want to keep looking at it.

What are you doing here? I don't know if I was referring to her glossy-paper image or her being there personally in that room with me, in a third-world city. She seemed distant–miles away from me. Something was cracking somewhere. I felt the fissures expand in silence.

There was a casting call on campus. They were offering money for it.

But you don't need money, Moira.

I needed to see if I could do it. She always was the prettiest. Before I could say anything, she gulped and went on. You don't know what it's like to have a Playboy Mommy.

No, I merely knew what it was like to have a Rapist Daddy. But I didn't let on. Instead, I tried to brush it off: You did it, it's over and that's that. No one has to know.

Noelia, there's something called circulation. *Playboy*'s is in the millions.

I started looking at the magazine. Several thick subscription cards fell to the floor. Lots of ads. A couple of articles that looked interesting, but the pages kept opening to Moira. I had an impulse to caress the smooth, flawless color pages, but I clenched my fists.

She saw it? Is that what worries you?

No. I'm worried about Enrique.

We went to get him at the airport. He was Mexican, but when he finished school in Maine, he found work there, a job that meant constant travel to different Mexican cities to check network setups. I had to admit he was a nice guy. He had something I can't describe, that strangely relaxed me. This feeling that I had known him for years came over me. Like sitting on an old sofa that has softened around you.

Moira grabbed him and kissed him on the mouth. It was like watching a jellyfish mating ritual. I realized I'd never seen Moira fit so well with a man. It's a cliché, I know, but at that instant they seemed made for one another. I had to smile and that was when Enrique greeted me effusively. He told me he'd heard a lot about me.

In your favor, I told him as I hugged him back, Moira never introduced me to anyone as young as you.

He laughed and as we made our way to the car, he told me that whenever he came to work in Mexico, he wore a suit, and when he got into a cab, the driver would invariably imagine he did some other kind of work. Doctor, university president, Christian minister or businessman.

The cabbie says to me, let me guess: Doctor? And I say yes, a gynecologist. And the entire trip I talk about the importance of getting pap-smears, giving birth in the morning, and the fellow asks me how to find out if the ladies are carrying VD.

When we got to the car, he hurried ahead and opened the door for us with a big smile. He was like a giant carriage footman from the Disney version of *Cinderella*.

You're a gentleman, I told him, and from that point I wasn't trying to be nice. At this point in the story, he'd won over my heart.

He settled in in the back seat; Moira and I were in the front. I looked at him through the rearview mirror. His eyebrows were like stoles; a hair stuck straight up out of one. I don't know why, but imagining him pretending to be a gynecologist to please some taxi driver, made me wish that this might be the man for her. Despite it all. "The one" who didn't just possess her, but who would protect her.

I dropped then off at Moira's mother's house and took my leave. We agreed to see each other a couple of days later, when I imagined they would have exhausted one another fucking. But when I saw them again, I knew something had happened. It was one of those tremors that destroys what's inside, but leaves the structure apparently intact. You could see it both of their eyes. In any case, Enrique stood up to greet me, stepping on my foot by accident and emitting a Homer Simpson-like "duh" by way of apology.

Has something happened? I had to ask because Moira seemed miserable. It was impossible to be there and pretend nothing was going on. I can come back later, I said.

She just looked at the toes of her shoes; he pulled out the copy of *Playboy*. I made a gesture to say I didn't want him to show it to me.

Moira is so good-looking, and so attractive, that she is resounding proof that God does not love all His children equally, he said and smiled pitifully. The hand that held the magazine shook. It was sad to see. All my friends read it, or, well, look at it. Who wouldn't?

Mr. Walrus, as I began to fantasize calling him when we had those three happy moments together, looked at me as if I were my friend's guardian. A mix of repentance and hate began to form in his eyes while his face had been left behind, frozen in a stupid, ecstasy-like smile.

Much to his chagrin, I intuited, he could not stop being what he was. He couldn't get over the fact that his girlfriend was jackoff material for millions of men just like him. He would never stop wondering what Moira had done to appear in those pages and become a photo-shopped sex goddess. It was on his face when we went to drop him off at the airport and he kissed Moira very casually. The cracks now extended the length and breadth of every wall. All three of us understood it.

She went back to the United States and graduated three and half years later. In the interim I did open her letters, that reached two a month at most. That's how I found out she had gone out with Sahgún, a Nepalese guy about as gaunt as a skeleton, who had the air of student activist, and with Eric, a Cuban-American who always fucked her with his Marines uniform on, and who was as vain as he was handsome; with Harumi, a Japanese guy that wanted to take her home to meet his family and formalize his relationship with her after two dates; with Sami, the Saudi that took her to eat at Red Lobster and seemed to get off on watching her eat lobster, and then turned down a photo of his parents before penetrating her when they went to his apartment. He had a moustache like Cantinflas, informed her handwriting over wrinkled paper.

Then came the list of the unattainables, that provoked a sense of personal vengeance in her that she reified by having sex with all the abovementioned guys again, even though she had sworn never to see them again for this or that reason. Then she would suffer an emotional hangover and mention, as if reluctantly, that they'd all been really small and really skinny anyway. I pretended not to have read that part and answered by saying that she shouldn't beat herself up about it so much. At least they were young, I said, as a joke. If you want to get a job at the United Nations, well, now you've got the experience. Plus you never know which one-night-stand is going to be the start of true love. Yet between the lines, the two of us were in a kind of mourning for the man that had seemed like a peace-loving sea mammal and who passed for having any kind of job.

The *Bourgeois* Pig

I'm on a bench in the plaza, beneath a large ficus full of magpies. I look at the clock on a nearby church. Supposedly I'm waiting for the man that Moira fixed me up with. I look everywhere and I can't think of what to do with my hands. If at least I'd brought a book, or newspaper, I wouldn't feel so stupid. I'd rather have spent the afternoon at home with her, watching a movie, but I ended up accepting because it seemed to make her so happy. Moira threw herself with all her heart into the task finding me a "beau," as she termed it.

In reality this is not the first time that she has set me up on some unsuccessful date with some friend of hers. She can't help doing it when she's showing off what I call a new "love interest." A lack of symmetry in out lives discomfits her; Moira doesn't like odd numbers. When she's unattached, my availability and singleness aren't an issue.

I think about how for years I rebelled against my mother's obsession with seeing me end up a married lady–and now I succumb to Moira's pimping. I see a man who appears at the other side of the plaza after turning the corner who starts to walk in my direction. From this distance, dressed in jeans and a black shirt, he seems no older than twenty. He's tall, slim and must be covering twenty inches with every footfall. When he gets within about twenty yards from me and I can make out his face, with several days' stubble and earrings in either lobe, I put him at about thirty-five.

When he bends down to kiss me, flooding me in a smell of tobacco and sandalwood, I can see his crows' feet and place him somewhere beyond the wrong side of forty: he's a Mexican Dorian Gray.

After the kiss he asks me if my name is Noelia. His salt-and-pepper hair is all but shaved, a dignified sally into immanent baldness. I say yes and he introduces himself. After saying his name, he adds "at your service" with a sort of enthusiastic air. If he were dark-skinned and short, with an accent from the streets of Mexico City, the phrase would not have come out so jauntily. But it's clear he knows he can pull it off and the confidence relaxes me a little. I look down and happen on his toes, curiously long and sticking out from his leather sandals.

If you're at my service, buy me a drink, I say to him.

I'm interested in nothing save passing the time quickly until the date is over. I want to get home and tell Moira: we did this and that, we talked about this and that, and in the end he said he'd call me. I know that after he sees how I drink, after hearing my boring conversation, he won't ever want to see me again and Moira can't say I didn't try.

At-Your-Service smiles and takes me by the arm. I have a far-off déjà-vu: my grandfather squiring my grandmother around just that way, to go to church on a cloudy Sunday. I look at this man next to me and have to admit he is very attractive. He has a square jaw, the hint of a beard, and very curly eyelashes around intense eyes. I distrust handsome men. Everything good in life, their pleasures, the superficial stuff comes to them too easily. They walk this way—just like At-Your-Service—proud of something they had no personal hand in. It's simply the genetic lottery, a match-up with a certain time and place's canon of beauty. Nothing more.

We get to this place called The *Bourgeois* Pig where you can have coffee or something from the bar. Abstract paintings by local artists cover the walls. The customers there are from Central Casting: long, slicked-back hair, black tee shirts portraying a skull or some image of Che Guevara, piercings in eyebrows, noses, ears, belly-buttons; hammer-and-sickle buttons. There are bookshelves bearing yellowed old best-sellers, probably something left behind by a gringo who came to Mexico to die. The young patrons converse using dramatic gestures; like conspirators, they lean into the tight tables and smoke. Others read Marx's *Das Kapital*, or Lenin's *What Is to Be Done?* or some Fidel Castro hagiography as they listen to music on their iPods, pumping the floor like rabbits in old-school Converse sneakers.

At-Your-Service orders a whiskey, on the rocks; I ask for a white Russian. The last time I drank one was with Moira at the beach, the summer after her graduation, when skin cancer and wrinkles did not figure on our worry lists. The chick that's waiting on us has her eyes made up like a panda, lips painted black and a nose piercing that looks like a big wart. She has on a name badge that lets us know her name is Poppy.

Thanks, Poppy, says At-Your-Service, and she looks at him as if she's lost the better part of her brain functions. That's the danger with handsome men that are barely polite. If he weren't with me, I'm sure Poppy would follow him to the ends of the earth.

I'm a *bourgeois* pig, I tell At-Your-Service, as I pick up my drink and sip it through the straw with all my might, right up to brain-freeze. If At-Your-Service was hoping for some little she-revolutionary, he's going to be greatly disappointed. But he says cheers and clinks glasses with me as he smiles.

Normally, I don't focus on what people are wearing, but today, I want to be just awful. Without any discretion, I take At-Your-Service in, with his barbershop collar shirt buttoned all the way to the top. He notices and crosses his arms on the table, leaning in close to me. He smells of sandalwood and nicotine. Practically whispering, he says:

A man's intelligence is directly proportional to the number of buttons he fastens on his shirt.

I laugh, despite myself. I think about one of Moira's ex-boyfriends who wore his shirts open practically to the navel to show off his pecs and gold chains. He owned several ranches and, I'm sure, not a single book. Then my father comes to mind, with his flawless shirts and always wearing a tie. There's certainly no connection between buttons and good character.

At-Your-Service lets me try his drink and I act like it's the worst thing I've ever had. He's not offended and as he lights up a Camel he tells me he's a poet. I suppose that when someone makes a confession like that, the proper thing to do is to ask him to recite something he's written, or at least ask him what he has published and if they're available for purchase. But I've already done enough to indulge Moira's caprices.

I read somewhere that a camel killed its mistress of fifty-something, because it wanted to mate with her, I say, hoping to elicit his hostility.

At-Your-Service pops his Zippo closed with a metallic click that smothers the flame and then takes a deep drag. He lets the cigarette hang off his lip and draws near to pull a red lock of hair from my face.

Moira said you were great, but she didn't tell me you were so much fun.

I'm the most boring woman in the world. I only have one or two facial expressions: extreme annoyance and baseline annoyance. And freckles, like a ripe banana. At-Your-Service's teeth are yellow, but perfectly spaced. I suppose that for me, that's poetry. We ask for as many rounds as are necessary to get to that optimal state of inebriation to keep on putting up with one another.

When we leave The *Bourgeois* Pig, At-Your-Service has to help me make it to his car. It's late and raining hard, but we can't go any faster than my besotted legs will allow. We're soaked by the time we get into the car. I hear the engine crank and At-Your-Service's voice saying he has dry clothes at home, that we've got to change. I ought to insist he take me to Moira's, but I don't think she could handle seeing me this way, stripped of all my inhibitions. My brain's last responsible neuron–the designated driver–expresses that if I'm going to do something stupid in my present condition, I should do it with this guy I'm with and not with Moira. I feel like throwing up.

Cigarette smoke must be adhered to every surface in At-Your-Service's apartment, but despite the smell, the place turns out to be rather nice. There are some potted cacti in the windows, contemporary furniture, lots of bookshelves. From an fishbowl, a huge spider watches us stumble in, laughing about I don't remember what.

I'd like to introduce you to Bettina, says At-Your-Service.

I repeat the name, Bettina the Tarantula, and it's the funniest thing I've ever heard.

I used to have a lizard named Helmut, says At-Your-Service and it strikes me he's talking to me as if he were really taking me seriously. Never before had I known such courtesy between two people whose brains were so utterly blasted on booze.

At-Your-Service has begun to take of his clothes. At this point, in this situation, it seems like the most sensible thing to do, so I do the same. He comes over and we dance, without music, naked. I'm conscious of the volume of his body, the warm, internal movement just below his skin. Muscles in movement, the breathing, all the machinery functioning. It reminds me of a little bird that fell from a tree. I could feel its life in my hands, shaking violently, throbbing beneath its little body, until it went out. I kiss him and even call him by name. I hate that in the end, I'm nothing but a body as well.

The following day I put on my still-damp, wrinkled clothes. I reject breakfast and At-Your-Service's offer to drive me home. I insist on taking a cab. If I don't, how can I tell Moira that last night's date was a pig?

Lizard on a Windowpane

For some time, Noelia has started attending book parties for free wine and *hors d'oeuvres* alone. She has some non-prescription glasses that lend her an air of belonging. She doesn't pay too much attention to the poster at the entrance that announces the book that's to be presented and features an author photo; she walks in confidently at finds a seat at the rear. The event has already started and a few heads turn when she moves between the rows to reach her seat. She avoids looking at her watch and instead tilts her head and stares toward the front of the room. The idea is to look like she's interested and paying attention.

The speakers, for their part, try to convince the audience that the book is worthwhile, so that the author can go on to read his work with genuine ecstasy. At times, Noelia scribbles down ideas in a notebook resting on her crossed legs and nibbles on the end of her pen. If no one else does—as is often the case—Noelia raises her hand at the end and asks a question. It's a sort of courtesy to the writer. The book in question means nothing more to her than the olive pits that end up on the plastic party trays, but she did have a mother for whom appearances were important.

What would you say is the most obsessive metaphor in your work?

Tonight's writer, a storyteller with a long list of prizes and fellowships to his credit, a goatee, and Truman Capote-style spectacles in front of tiny, beady eyes, thanks her for asking and begins to speak of his literary influences, of why he writes, and a long a digression that does not respond to the question. Once the ego train pulls out of the station, Noelia gets up and goes over to the *hors d'oeuvre* table. She takes a tuna canapé and another, with cream cheese, then puts them together in her mouth like a squirrel. Then she knocks back a cup of white wine in a single swig.

There had been a time when Noelia read the culture listings and would make note of them in her engagement calendar. Between high school and afternoons at artistic events, hours at home were reduced to a minimum. When she was younger, Noelia was organized and punctual. Fifteen years ago, she really listened to the people seated at the table with the green tablecloth who sipped little bottles of mineral water as they spoke, like they really knew what they were saying. And she believed every word.

The finger sandwiches are the intellectual property of this kid you're not listening to.

Noelia brings her fist to her breast and strikes a few blows to help swallow what she has in her mouth. The voice—somewhat familiar and with an Anglo-Saxon lilt—comes from the waiter who's behind the refreshments table.

I beg your pardon?

The man is wearing black pants and a gut that hides behind a white, untucked shirt. He's taller than average, with an unkempt beard, a short buzz cut and eyes in a very light shade of blue. An old pencil sketch slowly takes on color in Noelia's mind.

"Call me Ismael"…then take off 45 pounds and imagine me clean shaven.

In high school, among other things, Ismael Malka was Noelia's history and literature teacher. He had also been the protagonist of long, detailed adolescent fantasies and a con-man who, according to her father, helped her find a job and flee from the house.

I didn't recognize you. I thought you were still teaching.

Noelia would never have dreamed of addressing her other teachers so informally, but he was from the United States, came to school on a bicycle, and seemed immune to the pretense of honorifics like *usted* and other professional titles. On the first day of school, seated on a student desk in the middle of the classroom, he introduced himself using the first line from *Moby Dick*. Bleating like sheep, Noelia and her classmates called him *Ismael*. She spent abundant hours admiring his tight ass beneath khaki trousers, his angular profile like a *New Yorker* cartoon, when he would turn his back to write on a green chalkboard. Wiping his hands on his thighs, he would adjust his glasses and then his hand would instantly move to his curly hair with its first bit of gray and irremediably receding hairline: it was the most sublime thing in the world. After all, Noelia was young and Manichean.

And I though you'd end up the head of a multinational rather than pinching sandwiches provided by the institutional culture apparatus.

The high-school Noelia would have frozen at her teacher's words, like when he'd ask her something and she would be unable to respond, not because she didn't know the answer, but because her heart skipped a beat and her skin would flush. Stupid redhead, she'd think, looking at her desk marked N and I. As if obstinately writing both their initials was going to do away with the adjective impossible. But today's Noelia can talk—or throw down a direct invitation.

You can always do worse. How about a drink when you get off?

Ismael Malka refills her glass with alarming skill.

You're already having a drink.

Now Noelia can field a refusal, or even some paternalist remark, and not fall apart like a shortbread cookie. Plus her teacher has put on several pounds and is in the final stage before complete baldness.

You gave up teaching for this?

They fired me for not conforming to the Coproscological Institute of Transcendent Values value paradigm, says Ismael with a lipless smile.

But how—after so many years?

For just a second, Noelia begins feel that adolescent indignation that lets you divide the world into black and white with breathtaking facility. Looking through her current optic, she realizes she misses those oh-so-simple days.

With a movement worthy of one of Fagin's boys, Ismael pops a couple of canapés into his mouth and wipes his mouth on his sleeve.

Forgive me. But as I'm sure you'll understand, the benefit package here is not great. You were saying...?

You were going to tell me why they canned you at the school, Noelia says as she looks at someone else. Suddenly she's lost her appetite without knowing why.

No one wants a Commie-Jew-queer-dope fiend in their school. Words of the inimitable Allen Ginsburg. Being a Jew, although an atheist Jew, made me a member of the international Jewry. I was quite a threat to the youth of tomorrow.

Ismael Malka lets fly some clumsy chuckles. Noelia sees a gap between his teeth. She realizes she never saw him this way before, laughing. The truth is it doesn't favor him. The dark, bitter visage works better.

So, how did they get rid of you? I mean if, that's not too politically incorrect...

Oh. The official reason is that I was a terrible teacher. They didn't have anything documented, but the worst part is they didn't need to: the system, the evaluations... you know the drill.

Applause is heard and moments later the audience is clustering around Ismael, demanding the wine and *hors d'oeuvres* that are their due after an hour of listening to the writer, who's now responding to arts reporters and making interesting faces for the camera. Someone–there's always some groupie to fill the niche–slips a glass of red wine into the young dude's hand. Noelia slips through and goes over to her former teacher to tell him she'll wait for him outside. He nods as he struggles with a cork.

Imagine: if my people poison wells, what won't I do when it comes to wine, he says. She can't stop looking at those eyes of his, the color of faded demin. Or help feeling things again. Don't go all Jesus on me turning that wine into water, Noelia says, but she's not sure that Ismael has heard her.

An hour later, Noelia is still smoking on a walkway bench. Ismael materializes from among downtown passers-by and takes a seat next to her. He's wearing a Panama hat and cowboy boots. It's as if they've covered this *Discovery Channel*-style gringo that once was, in paste, newspaper and sort of generic Latin-ness.

Remember when we climbed the volcano?

Noelia's voice is a hook, the last attempt to hold on to the memories. On that trip to Toluca, the class graduation trip, Ismael was still Ismael.

You seemed quite content that each time I turned to look at you, which wasn't often because at that point, in air as rarefied as that, your red hair hurt my eyes.

Noelia doesn't respond. She feels an upset in an unidentified part of her gut—in that part she didn't think existed. Everyone imagined climbing the volcano would be simple. Heights had never affected her, but she agreed to climb it because she didn't want to be the class chicken. And she wasn't going to blow a chance to be near her teacher. At first it wasn't so bad, but as they got higher, the earth, the stones began to be covered with a layer of dirty ice. They started out at dawn, and for a couple of hours she forced herself to follow along, staring at Ismael's rear; Ismael led the crew. After a while her legs were weighted down with pain.

At some point, however, Noelia froze up. The near-straight angles of the ascent were impossible: when she looked back at where they'd come from, she wanted to die. She didn't want to go on, but turning back struck her as equally complicated. She sat down on a more or less flat rock, clutched her knees to her chest and put her head down. A turtle couldn't have been more shut up. Someone must have informed Ismael, because he returned for her and helped her up. Everything's ok, he said. Little by little, grasped in Ismael's warm gloves, Noelia reached the summit. Unhurriedly. With his body like a shield when they'd make their way along some narrow path. What patience. What closeness. Noelia let go of her fear and let herself be carried away by all her fantasies. She hoped the moment would come at some point. She's get up the courage to kiss him. Or better yet, him. It's always been you, she would say to him.

Ismael and Noelia get up and start to walk, sometimes touching because of the foot traffic, heavier than usual because it was Christmastime.

What did you do after leaving the school?

I did some teaching at other schools, but they all ended up asking me to leave. I know every euphemism there is for "get the fuck out."

You don't miss teaching?

No, the older I get, the less tolerant of bullshit I grow. There's not much more time before decrepitude sets in. Being a cater-waiter is easier.

I see, Noelia says as they pass hippie jewelry stands: a Haight-Ashbury out of its place and time, a third-world caricature. The hippies give off the impression of being the same ones as before, only now they're older, sun-fried and out of their heads.

Where are we going, Noelia? I'll follow you wherever, but I don't feel up to any sightseeing. Old age, you know.

It's true. Ismael's skin is wrinkled and there are jaundiced bags hanging from his eyes. His beard is covered in gray and hairs are coming out of his ears. And that gut, for the love of Jesus. He's dressed in a way that's too ridiculous. And yet she's still got a letch for him, in spite of it all. As if her adolescent desires had been suspended in the air and now rained down upon them both. Volcanic ashes. Timeless. Him: a waiter; her: a bread and wine thief. Here and now.

The truth is I'd like to be alone with you, she says, staring into his eyes. She waits to see a flash of the old teacher in his eyes, the teacher with the crooked smile and an ironic comment always at the ready for attacking some stupid, or hackneyed—or both—remark, as was the case just now. But there's none of that, just a look of perplexity, as if he hadn't heard her correctly.

When they find themselves in front of one of the city's myriad churches, Noelia takes Ismael's hand and leads him inside. A woman in a gray mood is mopping up the floors and doesn't bother looking at them. Two ancient women are praying in the forward pews. It smells of candles, humanity, incense–the smell of the Catholic. Maybe Ismael has never been in a church. Noelia leads him to one of the corners, next to an alms box and a bleeding Christ.

Don't tell me you're going to baptize me, Ismael says. Noelia has him off his guard for the very first time. None of the usual ready-made cynicism. Irony-free. It's clear he has no idea why they're there and not knowing unnerves him. His palm is cold.

Nothing to worry about, Noelia whispers.

She stops and finds Ismael's body. She has to stand on her toes to reach his mouth; it tastes bitter. She smells that stale sweat smell and can think of nothing but that her grandfather smelled that way, too. She's aware that her teacher is tense, has his back to the wall. His hands are like bailing wire at the sides of his body. His blue eyes, up close, waver in a sort of terror. The man who spoke to her so passionately about Orwell's dystopian novel, the man who convinced her to take an interest in the Desert War, just stands there, immobile, when Noelia kisses him at such an awkward moment. And seems to breathe easily when she stops.

Soon she knows what's going to happen. The epiphany hits her all at once, like in that split-second when you realize that you're about to step in dog shit, but it's too late to do anything about it because you've passed the point of no return.

I have a girlfriend, as the saying goes, says Ismael, as he brings his hand to his chin and glances around rapidly.

I understand, says Noelia, touching the edge of a felt hanging covered in *milagro* charms. Her fingers shake when she takes the crude gilt form of someone kneeling to pray between them.

And I wouldn't want to get you excommunicated.

The condescending tone erases the distance of the years when he was her teacher. She experiences the same sensation as having to write an essay on a book she never read. The desire to escape this humiliation is almost painful. It's almost a waking version of the recurring nightmare where she forgets to put on clothes before going to school.

She manages to exit the church in one piece. The downtown crush is just like it was a moment before. The smell of roast corn persists alongside the din of motors. Souvenir saints and rosaries are still there on cloth displays next to remnants of the Host. And people, so many people. The *hors d'oeuvres*, still there in her stomach. She feels cold, dark and weak, like a lizard on a windowpane.

Stalin, Back in the U.S.S.R.

Moira and I are waiting for Stalin's wife at a downtown café. We get there on time with no expectation that she'll be prompt. It's understood that it's the other woman who has to wait for the official wife to arrive, not the other way around. I look at the clock on the wall near the cash register to see what time it is. Sometimes the minutes slip, as the best clichés would have it, right through your fingers, like sand, but now they seem to have combined with water and cement, attached to the hands of that clock, that move slowly, like some antique. I sit next to the window to be able to nonchalantly look outside while I eavesdrop on what's happening the next table over. Over where she is, Moira pulls a cigarette out of the pack and lights up without looking at me. I advised her not to smoke–that every lover always smokes and that she shouldn't fall into that stereotype so easily–but she looked at me with an angry expression and then let out a little snort. She looks a lot prettier than usual, but the extra make-up can't cover all her insecurities. I imagine her hand trembled as she put on her base and applied the eyeliner around those curly eyelashes. She's nervous, but only I could guess it.

The waitress comes over to offer me coffee and I accept, but Moira sends her away saying that she waiting for someone. She has that defiant face that women alone sometimes wear and that some men find irresistible. It wouldn't surprise me if at some point some solitary man came up to her with the air of a seducer and asked to join her. It happens all the time to women like her. I prefer to watch the steam that rises from my cup, or check the time, indignant, as if my date were late.

After nearly a half hour, Stalin's wife shows up. She moves her head, looking among the patrons for someone who has the look of a wanton woman, I suppose. The fact is, when they spoke on the phone and agreed where to meet they did not offer up any way to recognize one another, as if they could smell each other from far away, simply because they'd shared the body of a third party. But maybe Moira had furtively spied some photo in Stalin's wallet while he showered in the motel bathroom, because I see her forcefully put out what's left of her cigarette and she signals to Mrs. Stalin with her hand. Anybody would think she's had practice at this.

She walks over to Moira with all the dignity that a license with the city seal on it confers. As befits women in her situation, she walks briskly and with her back ramrod straight. She's not dreadfully ugly, but is a long way from good-looking; now I understand why he's going out with my friend, who doesn't have her air of a pug, eyes bugged out and somewhat asymmetrical. At least she's got hair on her side: straight, shiny and down to her waist, like a shampoo commercial. Oh, but the poor dear's nose is way too wide. Impossible not to notice. Other than that, she's a fairly normal woman, slightly hipster, in heavy plastic eyeglasses, like the girls who've been working for years on a never-ending thesis.

She takes the seat directly across from Moira and inspects her brazenly. Maybe she wants to see what it is that makes her so marvelous that her husband would want to fuck her on the sly. Moira meets her gaze as she lights up another cigarette that she stains with her lipstick. She exhales upward, balances the cigarette on the edge of the ashtray and fans her hands over the table, like a peacock. Her nails are freshly done, impeccable.

Well?

Her voice is strong and beautiful, like a singer from the 1980s. It never hushes or breaks mid-sentence. Sometimes I listen to her sing as she makes herself up after bathing, leaning over the mirror, her towel covering her clumsily. I didn't want her to go make a scene with this woman, for whom I start to feel a bit of pity.

Your life turns to dust when you discover an infidelity—put yourself in her shoes, I suggested as we were coming over in the car. Well those shoes must be pretty ugly, she replied. She's not a material girl like me, she said laughing. Moira always laughs when she wants to avoid something.

I want you to stop seeing him, says Stalin's wife, with a hint of melodrama.

Moira finishes her coffee and wipes her lips delicately on her napkin. I don't know what the two expected from this encounter—to size each other up, maybe, or poison each other's eyes forever with the image of the other and then lose sleep comparing themselves to one another from every possible angle.

If you'd like something, it's on me.

Stalin's wife tightens her mouth and remains silent. A cup of coffee is always something to hold on to in a difficult situation. Here she is in front of her husband's mistress and she doesn't even have a single support. I raise my hand to call the waitress, who comes over innocently with a black pitcher. Stalin's wife takes advantage of the proximity and asks for a coffee.

I don't need your handouts. I have someone to support me.

Moira laughs, but only I can detect its falsity. Being cruel is the best way to disguise fear, and she knows how to be cruel. The last time we were drinking together at the apartment and Moira told me how much she suffered with Stalin, she came over to me trembling, but when I went to kiss her, she covered her mouth in disgust. When was the last time you brushed your teeth? It was the wee hours, we were drunk, it was totally unfair. I went to my room, curled up on the bed and pretended to be asleep, like the simple roommate I am.

It's odd that someone as progressive as you would be proud to be a kept woman. I thought all the lefties were feminists. You know, "marriage is a *bourgeois* construct..." and all that.

Who told you that's what I was?

Stalin. Or do we have some other friend in common? But as I understand it, you're the one who keeps him.

Moira's tone is mocking. Stalin's wife must be re-creating in her head some conversation between her husband and his mistress where she is the principal subject. The mixed sensation of humiliation and pride is an experience I'm familiar with. The dessert cart passes close by to me and I ask for a slice of apple pie: I so want Stalin to go back to his wife, and for Moira's heart to crumble like the piecrust dies when I stab it with my fork. Maybe then she'd understand that I'm not just there to cover half the rent.

Stalin and I are going to reconcile–we're starting over. He promised me he wasn't going to see you again.

I see she takes her coffee black, no sugar. She has some moist whiskers on her upper lip when she puts the cup down.

I'm happy for you both. Moira uncrosses her legs and plants her shoes on the wooden floor. Part of her world is falling apart beneath her feet, I know it. Just a few days go she couldn't figure why Stalin wasn't answering her e-mails, her texts or her calls. She began biting her nails until they were left a mess, but I dragged her to the manicurist so she could keep up appearances.

What has that to do with me? she said in the most disingenuously naïve tone I've ever heard.

I want you to know, so you'll leave him alone.

If that's the case, you'll need to speak with Stalin. He's the one who comes looking for me.

Lies are always the last resort of the cornered. Stalin's wife swallows and stares at her rival. I'm sure she'd like to bolt up from the table, take Moira by the neck and throttle it until every particle that her man has left with her was eliminated with her breath. Extinguish her slowly. But since she cannot, she uses words. She has that uncomfortable timbre in her voice that adults use when they speak to children about sex. She says a great number of things and as she does, her voice loses its meekness at the same time that Moira's face grows dark and her body stiffens. I imagine that her back muscles are tense. She's become a brittle object, a marzipan that crumbles into dust.

Only I know how much she hates it when people assume things about her, when they stick her into that fictitious group known as "people like you," when they refer to her existence as *petit-bourgeois*. She cannot stand the pedantry of those who imagine themselves superior to her merely because they grew up with sundry hardships. And from what Stalin has told Moira, and she passed on to me during our long nighttime conversations, Stalin and his wife met in the Literature Department at college, in a class whose professor was a communist. Their relationship was nourished on a diet of secret meetings in abandoned spaces, readings they fancied to be subversive–but were available in any library–they shared the guilt of eating a burger in a transnational franchise.

His parents had been communist party militants, hence his name. They believed that in the future the world would be red and the no one would even raise an eyebrow when he said his name. Her parents were nothing more than shabby-genteel, which was a good enough reason to join forces against capitalism. Stalin and his wife had lived together for years before marrying, but finally for practical reasons they went through with it–though only a civil service, no church wedding.

I'm sure that Moira feels guilty about the logos on her clothes that–according to Stalin's wife–represent the mangled fingers of some third-world seamstress who slaves away in a sweatshop. Her private education, her job at an air-conditioned office that affords her a new wardrobe yearly and lets her share an apartment in a nice neighborhood with her best friend, starts to make her stomach churn. If this encounter is some sort of fatal duel, Moira is brandishing her sword weakly and she's losing a lot of blood. He could never love her for real because she comes from a more fortunate family than his. Rancor is the Berlin Wall between the classes.

Stalin gave me all his passwords, access to his telephone, to whatever I want. We go everywhere together. That's why I know he has neither sought you nor any of the others out.

A stone hurled across a green, muddy lake. Stalin's wife smiles as she sees the pain forming around Moira's eyes, in concentric circles. The loneliest place in the world is in Stalin's arms, she told me once during one of their many break-ups. Now it turns out Moira wasn't the only one. If Stalin's wife is lying, there's no way of finding out, and in any case it doesn't matter. Why would she be the only one to succumb to that man's defenselessness, his nervous breakdowns, his constant depression, the finances that barely put food on the table? For some women an affect of the pathetic is the strongest aphrodisiac there is. I call the waitress and ask for the check.

I don't know what Moira expected from all this, but it's clear to me that what Stalin's wife wanted from the faceoff was to walk away triumphant, scot-free, and to leave the mistress in a heap atop her chair. The only answer was for my friend to look for some nice, *bourgeois* guy to marry and start squeezing out kids with–kids that she would take everywhere in a minivan, the incarnation of everything Stalin disdains. She'll try not to sigh thinking about what was lost, since in fact nothing was lost. But even if I tell her that time and time again, I know that she'll never be able to understand it, ever.

We walk together toward the car without saying anything. It's getting dark. I put my arms around Moira's shoulders, and snuggling up against my body, she lets herself be taken home.

Strawberry Fields

The night my father was dying in the hospital, I was cleaning a cat litter box. At least I like thinking that at the very moment his heart ceased beating, I was picking up feline turd without even giving him a thought. That night I came out of my Group Sociology class, where we studied the Oneidas, the Amish and the Manson Family. To avoid any conversation on public transportation, I read some pages of a worn edition of the Bugliosi paperback on my way to Pepita's house. I let myself in with my key, put my backpack on the floor, and carried the grocery bag to the kitchen. I didn't say anything, because she would often nod off and got so startled at any kind of noise, that I thought she'd have a heart attack one of these days. I found the living room dark, lit only by intermittent TV flashes. The eight o'clock *telenovela* had barely begun; my time to show up for work.

This work taking care of the old woman wasn't bad—not bad at all. Her children, busy with their own lives, hired me to visit her each day. I was to feed the five cats that came and went freely through the kitchen window, make sure they food and water, clean the litter box and do some shopping for the old lady who in fact was quite independent and just needed help changing a light bulb, moving something heavy or threading a needle. I suppose I gave off the impression of being a good girl, patient and a good housekeeper, who wouldn't strangle their mother with the iron cord and then would run off with her senior-citizen discount card, her savings in the metal box above the piano, the autographed photo of John Paul II and the figure of the Sacred Heart that appears to be burning to anyone who comes into the house. For me the job was some mad money that let me spend without having to worry too much about indulgences. After all, I had my college scholarship, and my mother's guilt money–she insisted it was her duty to make sure I got a good education without hardships. But taking care of Pepita also had the side effect of making me an object of elegies from strangers and acquaintances alike, who praised me for my charity. Working for a little old lady made me a repository of virtues in the eyes of others and on some days that's something you appreciate as much as a good foot massage.

When Pepita heard the cats meowing because I had come in, she pulled herself up from the sofa, with some difficulty, and turned on the light. The usual thing was for her to greet me with a "goodnight, my dear" before offering me a pastry and an instant coffee "au lait," in addition to thanking me for my punctuality. It's not healthy for a young girl like you to be so skinny, she says. My answer is to remind her I'm a size nine, eat a ginger cookie, and wash it down with a glass of milk. Then she tends to begin her diatribe against people who get everywhere late and the decline of "these kids today." But that night the expression I saw in Pepita's face was the same as when Milo, the orange tabby, got out and never came back.

Is something wrong?, I asked, as I opened a can of tuna.

Pepita has short, gray hair and she tends to wear it in a juvenile style, with two flowered barrettes. I always avoid looking at her because I don't like to think of her as this pathetic being, so I focused on mixing the tuna with the dry cat food.

They just put your father in the hospital. He's in really bad shape.

I put the plate down on the floor and the cats gathered around it with their tails in the air like the undulating rays of some sun. My mother had insisted I leave a phone number where they could find me. It's not an office, I told her. And though she suffers from a compulsion to know exactly where I am, day and night, she denies what happened right under her roof over the course of so many nights. They weren't methodically arranged sexual relations, like those of the Oneidas, but they were tolerated anyway; not with a previously agreed to list, but with eyes closed. In the end I gave her Pepita's number, just to get her to shut up. She had always been absent from my life and I thought things were going to stay that way. I didn't think she was going to call me.

Thanks for letting me know, I said, and I sat at the table with my purchases notebook and a ballpoint pen. I clenched it until my fingers turned red. What was she going to need me to bring her tomorrow?

Your father is in the hospital. You don't have to come in, she said, touching my forearm.

It's strange to think that he's suffering, I said. I could see that something dark and problematic was concentrating in her eyes, but that didn't keep me from going on. You always think the roles are fixed, you know? Especially when they've been that way for years. I couldn't help looking at the floor as I said it. But then I looked right at her and concluded: So the news you've just given me is a real revolution for me, *Doña* Pepita.

I doubt she could have understood me. Maybe the only thing she was able to get was the tone of my voice and my re-action, which were not those of a good little girl. I looked at the purple caterpillars that were her veins, her spotted skin. Her husband had been dead for more than ten years, but Pepita still wore her wedding ring on her wrinkled finger. Witches' hands were like that in my children's books.

She stood up and went to the refrigerator. The cats meandered around her legs; they loved to get in close and sniff the leftovers in their containers. Or maybe they did it to cool off. She stopped before opening the refrigerator and pulling out a vial of insulin. She waited for the cats to get out of the way and then shut the door. She sat down again next to me. She rolled up her sleeve and exposed the dry, flaccid skin on her arm. I got the syringe ready. The needle penetrated easily and I pushed in the plunger too forcefully. She let out a small groan and readjusted her blouse.

Doña Pepita, I promised your children I would never miss work. So go ahead and tell me what you need from the store tomorrow.

But honey, honey, honey…

Her pale, wrinkled face was all that had survived from a beauty that had long ago disappeared. She half closed her eyes, shaking her head from side to side, and then she made a movement with her mouth to adjust her dentures. When I was a girl I thought that before they went to bed, my grandparents would drink the contents of the glass on the nightstand where their teeth were. I also believed that someone was going to come rescue me when my father would come in and sit on the edge of my bed. Childhood is a sea of misunderstanding.

Did I tell you that members of the Manson family would write the word *pig* on the walls, in their victims' blood? I asked her in the same tone that you might pass on some family gossip.

Pepita stood up silently and sent me a reproachful look before leaving the kitchen. Maybe the years do end up producing a little wisdom in people, if only as a side effect. I heard her murmur something about my descent to that circle of Hell where ungrateful children go to roast. She turned on the television and feigned interest in her *telenovela*. Incredibly, it began to hail not long after. For a moment I just sat there, looking out the window, hypnotized, as all those white projectiles struck everything that could be struck outside.

I made a small inventory of what was in the refrigerator and the pantry to make a provisional list. It was almost always the same thing, unless Pepita wanted something special, like a votive, or cough syrup, or some miracle tea. I brought her snack on a tray, but she didn't indicate she'd seen it, and kept her eyes on the screen, her neck stiff, and her lips tightly closed. If she was under the impression I was going to fall for her blackmail—sit down and negotiate her eating in exchange for visiting my father—she was quite mistaken. At that point I wouldn't have cared less if she decided never to eat again.

I headed to the bathroom and began to clean out the litter box. The cats watched me from a certain distance, nervous. I heard the telephone ring in the bedroom. I walked slowly hoping it would ring several times and whoever it was would give up and hang up. But the ringing never let up. I thought that Pepita would shout at me to hurry up and answer, but she stuck to the silent treatment. I picked up the receiver: it was Moira. She didn't say hello or ask me how I was. The first thing she told me was that my mother had called our apartment to give me the bad news.

What, did she break a nail?

No, your father died.

After that, my friend didn't say anything. I don't blame her. The normal thing in serious conversation would be for me to say something, but I stayed quiet, listening to the blood circulate though my body, the sound of my throat as it choked down some saliva; life was still within me. I don't know how many times I'd wanted to hear the words that Moira had just said.

Are you there, Noelia?

Yes.

I just don't know what to say to you, she uttered by way of excuse.

I have to get rid of a bag full of cat shit, so I'll see you later.

I hung up softly to go back to the bathroom and finish up with the cat box. Its smell began to make me nauseous: all my senses were heightened and that wasn't necessarily bad. The cat thing offended my nose, but my skin perceived the brush of my clothing in a way that was almost erotic and my ears marveled at the sound of the birds outside, returning to their nests for the night. The physiological part of me celebrated the miracle of being alive. But I wasn't going to get a present for it, not even a hug: when I started to go out, I ran into Pepita, standing right in the door jamb, with her hands crossed over her breast, blocking my way. Judging by the look on her face, it was clear she'd overheard my half of the conversation.

She scanned me from head to toe, pausing between my face and my legs, as if she were going to find the reasons for my ingratitude to my father in that part of my body. But I wasn't going to open up to some cat lady who liked high-fiber cereals. When I told Mom, she said she didn't have any time for my foolishness. No father sits on the edge of his daughter's bed to masturbate himself with her hand while she sleeps. That was a lie that could get me sent to the insane asylum if I kept repeating it, she warned me. Then she ran off to the beauty parlor. No one had ever seen her roots show up and that day wasn't going to be the first time they did.

On the other hand, with my father there was a first time and there was nothing there to indicate it would be the last. Life happened with its hours and weeks and months; the routine would only end with one or the other's death, but both he and I continued to exist. Life is brutish and time passes with overwhelming slowness when someone uses your hand to get off. A bovine instinct led me to act normal in front of others, from one day to the next, taking care of the basics like bathing, eating and going to school. When he would jack off with my hand I pretended to be asleep. It never occurred to me to do otherwise. Maybe that's why he thought it was safe to go further and he began lifting up the sheet as I held my teddy bear between my legs. Of course, that wasn't the best barrier since he entered me anyway.

I remember his smoker's breath, in my ear, like this purr that never went away. The minutes got longer, the pain made me shut my eyes tightly and that was when I wished for his death. Or mine—but I never had the courage to kill myself. My fantasy was to die when my parents were traveling, so that when they got back they'd find my body substantially decomposed. The smell would have seeped into the furniture and the only solution would be to get rid of the carpet. A cadaver is not the problem of the person who once inhabited it.

Excuse me, please.

After a second or two, Pepita got out of the way and let me through. I put my backpack on and grabbed the garbage bag to put into the shared cans, on my way out. I didn't thank her and she didn't thank me. To her and lots of others, I was nothing more than an ungrateful daughter. The fruit of a society where there were no more values. A woman from a self-centered, superficial generation. My attitude provoked the same repulsion in her that the smell of her telephone–a concentration of her breath rot from over the years–did in me.

I'm going to ask my sons to look for someone else to help me.

I get it.

There was no anger in her eyes, just a sort of caution. Maybe even some hope that the threat of losing my job would make me reform with regard to my father. The old woman's face formed no particular expression; it remained in the air, tentative and ambiguous. I suppose she felt a fear she extrapolated about if her own children reacted the same way about her death. The poor thing didn't have a clue.

The cats were rubbing against my legs and meowing like when they are hungry. Now I didn't have to listen to them. I could go back to breathing without having to worry about their fur. I would not come back to this house that smelled of feline and human piss. I smiled. My entire face contracted into a smile. Then I went out into the night and the noises of darkness surrounded me right away. I tossed out the bag along with the shopping list and I began to walk down the damp sidewalks. The sleet that had piled up in the gutters was melting now. The city looked just as it always did, but today it didn't leave me feeling empty, as it tended to do. This time it was more like walking through a strawberry field, finally, with my heart forming a power fist for peace.

A Hole in the Ocean

Does the *coat hook* hurt the fish?

Maya puts her index finger into her mouth, throws her head to the side and makes a gesture of pulling upward. Alberto, in an apron with his hands dirty, turns to look at her. Now her cheeks are sunken and her lips are scrunched forward; she has her hands by the side of her ears, and flaps them like they were gills. It he was who taught her to do that, a week ago, when he mentioned that he was going fishing with some friends. Since then, the little girl has loved doing her fish imitation any chance she gets.

It's called a *fishhook*...

Does it hurt them?

Maya asks questions with the same foreboding of someone expecting the worst prognosis, as if her life depended on the answer.

Yes, but this hurts them more.

Alberto slits open the gut of a catfish and sticks his hand in to remove the viscera. She watches enthralled as the viscous goo cascades down Alberto's skin. Her mouth is open and her huge tongue rests on her lower lip. Right them Moira comes in, loaded with grocery bags.

Don't say things like that to her. You'll give her a complex.

But fish suffer. Do you want me to lie to her?

Moira starts putting cans into a cabinet. Once again she's taken on that look she gets, up to the eyes, full of confusion and fear, that invariably arises when she finds herself before a maternal dilemma. She doesn't like to lie, but something keeps her from unleashing the world and its realities on her daughter. It's too much for her, but she's knows she'll have to get used to it, just like everybody else.

Maya comes over to play at rhythmically shaking a bag of noodles. Her eyes are the color of strong tea and although she's barely going to be ten, her eyesight has really deteriorated. She wears glasses like those of a 1970s secretary, pointed at the upper edges. Alberto put her hair into a couple of pony tails. Moira adjusts her blouse to cover the straps leading to the bra that the girl began using a couple of months ago. The way Maya's body is developing is something Moira never contemplated and now it terrifies her.

Alberto finishes cleaning the fish and puts them into the freezer. He washes his hands and turns on the TV. Maya runs over and gives him a kiss on the cheek. Then she curls up beside him and asks him to play the Maya the Bee DVD. He got a pretty good pirated copy downtown and Maya watches each day's episode without fail. Just knowing that a bee has the same name gives rise to complete fascination. She is Maya the bee. One day she'll sprout wings, she's sure of it. After each episode, inevitably, she goes out into the yard on an obsessive search for the insects she saw on the screen.

Don't we make the cutest family, Alberto shouts from the den.

Moira goes over and says to him softly:

The two of you are adorable, sure. But if I'm going to get married, I want my husband to be able to bring me to orgasm every once in a while.

What Maya needs is a father. You can look for the rest of it on your own.

Of her own father, Moira remembers how the back of his head looked when he was reading. Coppery hair that got lost amid the tense muscles of his neck. His attractive ears, folded close to his skull. It was against the rules to speak to him at times like that, so she focused on looking at him, on listening to his breathing, or the occasional throat-clearing or turn of the page. He was the absent father who whenever turned up now and then, spent all his time reading. Moira wished she could had been one of the books on the shelf.

That's no reason to get married. Least of all to you.

Ouch.

Tecla the Spider—you're bad! Maya shouts and accuses the screen with her chubby finger. Bad!

After she introduced Alberto to Noelia, Noelia told her in private that she didn't trust him. It was the combination of a limp handshake and the beard that covered his face. People with beards, she told her, have an air of superiority, as if hair on their faces were synonymous with wisdom. The fact was Noelia distrusted men in general. But he's *gay*—Alberto is my *gay* friend, she replied, as if this could quell Noelia's suspicions. She never got around to telling her that Alberto had proposed they'd get married as friends, because at that point they realized that Maya was listening beneath the table. She went through phases where she liked hide in different places throughout the house and then pop out at unexpected moments, jack-in-the-box style. The two fell silent, but the girl had already run off and was hopping around happily:

Hotcakes!

Her faulty hearing turned the word gay into a synonym of her favorite breakfast.

Despite her mother's friend's disapproval, Alberto *Hotcakes* is like a magnet to her. His presence in the house always means an adventure: a camping trip, the beach, the movies, playing ball in the yard; for her mother, it's a break from parental responsibilities that, in Maya's case, are particularly intense. Moira doesn't even feel guilty putting up with his presence and listening to his advice in exchange for a few hours to herself.

Maya has been calm for a while, staring at the screen. Alberto goes over to where Moira is, eating cereal and reading the newspaper.

Would you mind it if I got Maya a fishbowl?

Not if you're going to clean it, no, she answers, cleaning her hands on a rag decorated in a print with beets arrayed in different positions.

And what have you been thinking?

That it was never in my plans to marry. Not when I was a college princess and not now that I'm an older single mother.

Maya wasn't in your plans, either, but there she is, Alberto says.

And it doesn't matter whether I'm happy or I regret it.

It just happened. One day she felt nauseous and exhausted; she went to the drug store and got an EPT, and an hour or two later she experienced that ambiguous sensation of terror and happiness that, she was sure, had more to do with hormones than anything else. It wasn't something that she planned, but she didn't do anything to prevent it, either. Maya's biological father had left her to go back to his wife. Moira harbored a dark hope that the pregnancy would keep him around. But he didn't even want to see the child. He didn't even have the decency to break off his relationship with her. Neither did he know that the child he sired had been born with Down's syndrome.

You and I are nearly forty. It's not going to get any better, Alberto says.

Moira turns to look at the girl from where she's sitting. Her face is yet another version of her. Somewhere in that body with one extra chromosome lies Moira's essence: a similar timbre in their voices, a certain way of cocking their heads. There was so much she could have done, now that she looks back at her life. From female friends and acquaintances she could have found out about a doctor who did abortions. Or she could have abandoned the baby in font of some house, in a basket. She could even have passed the responsibility on to her mother, like a lot of girls do, and then feigned a depression that did nothing but make her sleep all day. But for some strange reason she decided to do the right thing. And now the impulse, the good intentions–like New Year's resolutions at the beginning of March–were lost. Moira knew she ought to dedicate herself to the child with the same up-front energy that years ago she had devoted to finding a man that would love her; yet very often she found herself wishing Maya did not exist.

This isn't going to get any better? What an attractive proposition.

Moira starts to cough. Alberto pushes a glass of water over to her and looks elsewhere with discretion as the coughing fit passes.

I can also take care of you when you're an old woman with emphysema, he tells her.

Moira feels an intense wave of hate, an electric current that courses through her backbone. Time's passing is something she doesn't want to talk about, ever. When Maya was born, a doctor told her that her life would be short. Very happy, but short, he assured her. Physiologically speaking, these kinds of children come with a lot of problems, he said, as if Maya were part of a defective lot of coffeepots. But they have a strong inclination toward happiness. And in fact she is a happy child, able to see the beauty in a snail or a shadow on the wall.

It was that doctor, in fact, who had given her a card with information about a support group for Down's syndrome families. It was at once practical and cathartic. Members exchanged experiences, pain, doubts, therapists, advice. They all ate and cried together at the same time they tried to convince one another that a mentally retarded child was really a blessing in disguise. Of proof of God that would make them stronger. Some of the mothers even ended up declaring that if they could live their lives over, they'd ask for a Down's syndrome baby all over again.

Moira was unable to understand all that and being in the group became a torture that she forced herself to do. But it was where she met Alberto: his brother had died years ago, but he continued to attend the group. As for her, ten years had passed and the girl was still by her side. How much time did a short life take? The glass half-full, the glass half-empty, everything depends. Only the worst kind of mother would wonder to herself when her daughter will die, when would she be free again: free from her, from the man that wanted to be the father, from everything she couldn't be. That's the worst. The girl adores her and Moira can't stand it because she knows she isn't made of the stuff of the gods. She's pure mud.

Alberto says goodbye with an air-kiss and promises he'll visit Maya at noon.

A little bit before lunchtime, Alberto opens the door with the key that Moira keeps under the potted cactus. He has a medium-sized fishbowl under his arm and a bag with some goldfish. He discovers Maya sleeping in front of the television as well as an large envelope on the table, with a pink Post-It affixed that reads, "Maya's Papers, rental agreement, my reasons." And on a smaller envelope, in Moira's disjointed handwriting, a mere five words: *Take good care of Maya.*

Alberto nearly drops the fishbowl, but manages to place it on the table after not a little hesitation. The sound wakes Maya, who walks sleepily toward him. She doesn't have her glasses on: she squints and has to get really close to the bag to realize there are fishes inside. She starts turning in circles, with hands extended, gurgling with delight. Before hurling herself toward him for a kiss, she turns her lips into a fish mouth.

The Glass Onion

The bar was at a walkable distance from her house. Along the way she saw a little boy with cerebral palsy in his wheelchair, clad in a sports outfit. Surely it was too hot for a day like today, with not a single cloud in the sky. It wasn't the first time Moira had seen him: they always took him out at the same time to get some sun, as if he were a reptile, just like that, frozen in a pose that seemed like it hurt. Once she read that a lot of those kids didn't suffer from any intellectual disabilities—it was only their bodies that denied them a normal existence. In contrast, Maya was mobile, but impulsive, clumsy and simple-minded. She quickened her pace, stared at the sidewalk and fled the blubbering statue.

Moira had never been in the *Glass Onion* before; she had merely seen the neon sign, that imitated the silhouette of an onion, when she'd take her daughter to speech therapy. Just then, the place seemed like the finest place in the world. Maybe she could shield herself from the recent past and forget what was coming later. She opened the door and the interior cool hit her in the face. She'd walked more quickly than normal, never letting up, until she reached the bar and now her skin was reddened and overheated. Inside, Bonnie Tyler's scratchy voice was flooding the place with "It's a Heartache." Moira's eyes delayed a moment adjusting to the gloom; only then could she make out a girl with bleach-blonde hair who asked her if she was waiting for someone.

Her face evinced boredom and a temporary smile that disappeared as soon as she stopped talking. Moira said no and the darker girl showed her to a free seat without saying a word.

The bar was a sort of horseshoe in front of a huge mirror with a number of flat-screen TVs mounted above that blinked a soccer game, a boxing match and a Formula-1 race in silence. Behind the bar, there were several young men in black aprons fixing drinks and serving beers with paid-by-the-hour cheerfulness. Moira slipped onto a stool with an exaggerated sense of self-consciousness.

That morning she had taken a bath thinking it would be a day like any other since the nurse had first deposited her daughter in her arms. She put on some generic tee shirt, jeans, and pulled her hair back into a ponytail. Forget make-up or pretty shoes. In fact, this was nothing out of the ordinary: she had lost the impulse to dress up when she found out about her daughter's condition; she stopped being who she had always been to become something she was not. She was certain that at any minute her body would transform into that of a walrus and there would be nothing left to do but to squeeze herself into those elasticized jeans that overweight mothers wear, the ones that give up. In reality she'd never thought of the practicalities of abandonment, only in leaving a note behind, with some legal papers, and out with the clothes on her back. Now that a number of men were observing her from other parts of the bar, she wondered how someone who had just left everything behind looked to other eyes.

A green-eyed bartender who could be her son if she had been a teenaged mother asked if she wanted something. He looked at her in a way that made her uncomfortable. It was the kind of look that one gives someone else when he wants to reveal something very important. Or when there is a more-or-less 2-to-20 woman-man ratio, or you're without a date and clearly a mess. Moira asked for a mango daiquiri: she needed something sweet at this point in the afternoon. Then she moved her eyes toward some other part of the bar.

A couple of seats down there was a young woman even more disheveled than Moira. She had a cherry-red Kool-Aid pitcher tattoo on her arm; her nails and lips were painted black; her hair was dark and straight, not too short, but not long enough for her to pull it completely back. Not even in a clip. Engrossed, she was sketching in a notebook, letting her mug of beer get warm. Moira leaned over a bit to see what she was doing; they were elves. The bartender deposited the drink she ordered in front of her and she had to stop looking at the strokes in blue ink, to mumble her thanks. She straightened her spine and put the straw between her lips, sucking until she felt light-headed from the cold.

A while back, when they saw one of the *Lord of the Rings* movies, Maya had been fascinated by the elves' pointy ears and the dwarves' burly bodies. They look like me, but different, she had said. Days later she began sketching crude versions of the characters in her coloring book, clumsily filled in with thick crayons. Moira felt obligated to hang the drawings on the refrigerator with magnets, as other mothers who thought their children were marvelous and collected every single thing that their children's little paws had touched.

After the third daiquiri and after pretending to watch a soccer game in which the players moved around like ants on a green background, Moira pulled a cigarette out of her purse before remembering that you couldn't smoke anywhere anymore. When she started to put it away, a man sat down next to her. He wasn't one of the guys that had checked her out from different points in the bar, trying to make contact and then eke out a smile. This man materialized from some other place. He was cradling a bottle of beer between both hands and when he spoke, he did so looking straight ahead, as if he weren't speaking to anyone in particular.

Feeling lonely is a woman's ailment, he said with an accent she was unable to place completely. It was a mix of Colombian, Chilean or Argentine. It also transmitted a calm that unnerved her in a way she couldn't explain. In any case, the otherness nature of his voice took her by surprise.

Yeah. Moira heard herself agreeing with the stranger next to her. She turned her head slightly and a looked at him in profile. He had long sideburns and black–jet black–hair; his skin a light shade of cinnamon and a pointy nose that reminded her of the Quentin Blake illustrations in one of her daughter's books. Perfect, she thought–the kind of handsome nose that reminds me of how alone I am. She finished the daiquiri and ordered a beer.

After the first pull she thought she could cry at any time. She looked down, between her legs, focused on the floor. She tightened her muscles to stay calm and avoid the trembling that precedes crying. She felt he was looking at her, and it spread an acute shame across her skin.

Once you start to fall, there's nothing that can stop you.

Once again the South American accent, but closer to her. Then a hand on her forearm. Moira noted the contrast between the warmth effect that another's skin had on hers and the cold she felt on the surface that his palm wasn't covering. She fixed her gaze on his and their short nails and perfect cuticles. On the fine hairs that covered the back of his hand. There was nothing she could do but give in when he suggested they sit in one of the booths, to be more comfortable.

Right—like Icarus, Moira said very softly, as he brought the beers from the bar to the table.

Maybe this was the reason that she had ended up here. She wasn't facing a crucible, like the one she'd faced before leaving everything behind. That was the easy part, up to a point. Choosing between continuity or the abruptness of change. Now the path was disappearing and fog was covering everything else and it was impossible to be sure. The Glass Onion would be a clarifying viewfinder. And what she saw now was this foreigner from somewhere from the South. Moira smiled. The light was a lot more tenuous in this part of the bar. Her age diluted in the shadows at the same time as the bitterness of the beer spread across her tongue. She began to feel alcohol's sweet swoon. She noticed his lips were finely drawn and that he had a miniscule earring in one of his lobes. His face was so symmetrical it provoked a jolt of tenderness somewhere inside her chest.

He paid for the next round and Moira felt like one of those feminists who hate men, but stop impatiently in front of a door waiting for some stranger to open it for them. When he told her his name and held out his hand, she took it in hers like someone trapping an insect. She lightly stroked the woven bracelet he was wearing, then said a name that wasn't hers. There are times when you've got to lie.

Years previously, the married man who chose not to admit his marital status was the first to lie. He was a writer who didn't write, full of big ideas and communist frustrations, secretly enamored of American music and literature. The one that called her "my little *bourgeoise*" before stripping her naked at a motel, the one who told little stories of which she was the heroine. The one that made note of his declining weight in a notebook and who answered "only green tea and cigarettes" when Moira asked him if he'd had his breakfast, so that she'd drag him out to some "middle-class" restaurant, as he put it disdainfully. She would look at him, thrilled, as he tore into a breaded steak or gorged himself on peas and mashed potatoes, in contained desperation. She felt herself fill with love for him.

The truth about the marriage of the man in her life was like an egg that someone smashed atop her head, by surprise, and down her back. Cleaning herself up wasn't going to put the egg back together, but she would try to live with that. A few weeks later the other revelation came–the revelation that he was going back to his wife. By that point everything about Moira had begun to smell like rotten egg. It was in that time-out that she found herself forced to lie as a survival strategy. The tears, the pleading, the not-so-subtle threats that she might hurt herself–none of it worked. That's why she had to quit the pill the very day she found out about the wife. She failed to tell him with an eye-for-eye-tooth-for-tooth rigor. By the time he decided to save his marriage he'd already laid Moira's body as well as her descended eggs several times, anxious and knowing that they would be the last. Then came the fruit of their mutual lies: Maya. What's the point of lying if the other doesn't know he's been deceived?

Moira looked at the man in front of her and couldn't remember his name. And she wasn't going to ask him: that would be admitting to a lack of interest that was really an inability to concentrate. Later it came to her suddenly, as if her brain were staying on top of things, despite herself. Baldomero was his name.

Baldomero, she said aloud.

It means "brave," he said. After taking a long gulp of his beer, he added that only someone so named would have dared strike up a conversation with someone like her.

Thanks, she muttered.

All she wanted right them was to take his dark, thick, curly hair between her fingers. She wanted to embrace his body with all her might because he was a stranger. Because everything about him was a mystery. Because he had the potential to be everything.

The conversation transformed into that veiled interview that people do with one another before they touch. A false illusion to know more. Without thinking about it, Moira let slip a question she didn't ask the other guy.

Are you married?

He nearly spilt his beer from excessive laughter. They'd never asked him that up front, he said. Then he assured her that no, he wasn't–otherwise he wouldn't be sitting next to such a beautiful woman. The curiosity was mutual.

And you?

Separated, she said. Her voice didn't crack.

There are times when you've got to lie. It was clear that she was older than him by at least ten years, maybe more. He was barely twenty-something; he possessed that beauty that irradiates out of youth and that is imperceptible to those who posses it; on the contrary, Moira had been navigating her thirties for some time, hiding the C-section scar at the base of her belly, making peace with the wrinkles that assaulted her whenever she tried to smile. The anguish of pushing her fourth decade felt like a hernia. How could she still be single at this age? A failed relationship was preferable.

Do you have kids?

No, Moira said, and the muscles in her face contracted painfully, as had her uterus in the days following Maya's birth. There are times when you've got to lie; and there are others yet when you have to pile one lie on top of the other. She lowered her gaze as she felt a warmth over all her skin. She excused herself from that man that was looking at her with strange tenderness and headed to the ladies room, a small room in pink tile that accommodated two stalls and whose sink was full of hairs. She looked at her reflection. She wasn't so young any more, she couldn't find that defiant look she'd once had. Her eyes were red; her chin trembled in that pathetic way. She felt her cell phone in the pocket of her jeans. It was only a question of calling and going back, undoing all those hours that day. Pleading temporary insanity. But she washed up with cold water and stood staring at the way her hair covered half her face.

Moira couldn't tell how long she'd been in there. Suddenly she was seized with the certainty that when she left the bathroom, the table would be empty. Abandoned on her first day after the abandonment. She thought about shutting herself into one of the stalls and sitting down for a cry on the toilet, but at some point she'd have to decide where to go. The bar staff would make her get up and escort her to the street. The employees—exhausted, anxious to end their shifts and go home—would call her the crazy bathroom lady.

So it quite surprised her to see Baldomero there, waiting patiently, moving his fingers slowly like some sort of mime. He smiled when he saw her reappear and stood. Moira sniffled a little and pressed her eyelids with her fingers, concentrating on not breaking down, moved by this act of…she didn't even know what to call it…by this act of just being.

Lía, do you want to go? he asked, and for a minute Moira didn't know who he was speaking to. Then she remembered the fake name she had given him a minute ago and agreed, a little humiliated, like a little girl who gets a public spanking. She'd have to watch what she said around him later. And ask him about that attractive accent of his.

Where to? said Baldomero as he softly took her arm.

What Moira said was:

Let's go to your place.

But what she really meant to say was:

Don't leave me. Please don't pass me by.

No me pases de largo / Don't Pass Me By,
de Liliana V. Blum, se terminó de imprimir
en noviembre de 2013 en el taller de impresión digital Agave
Salvador Díaz Mirón # 85
México D.F., Colonia Santa María la Rivera.